はじめに

国民国家を取り戻すために

三橋貴明

大きな歴史の流れを考えると、現在の世界はグローバリズムからナショナリズムへの転換期と言えます。１９９１年12月26日にソ連邦が崩壊し、その後の世界はアメリカ一極集中型のグローバリズムに染められていきました。

グローバリズムとは、本文中でも解説していますが、モノ（サービス）、カネ、ヒトという、いわゆる「経済の三要素」の国境を越えた移動を自由化することです。厳密には、国境を越えた移動を自由化することが「グローバリゼーション（グローバル化）」で、それを是とする思想あるいは教義が「グローバリズム」になります。

誤解してはならないのは、グローバリズムとは、別に「ルールなき自由化」という意味ではないという点です。国境を越えた移動の自由を制限しないという「ルール」を、各国が守ることで、初めてグローバリズムは成立するのです。

上記を理解すると、

「誰かが（あるいはどこかの国）がルールを破った場合は、どうなるのだろう？」

という疑問がわいてくるはずです。当然ながら、各国にモノ、カネ、ヒトの移動を自由化するというルールを守らせるには、何らかの「強制力」が必要になります。

強制力は、世界全体ではＷＴＯ（世界貿易機関）であり、ユーロ圏に限って言えば、マーストリヒト条約などの国際協定になります。日本がＴＰＰ（環太平洋戦略的経済連携協定）に加盟した場合、現在のユーロ圏同様に「条約」により、モノ、カネ、ヒトの移動の自由化というルールを守らされることになります（当初のＴＰＰには、単純労働者の移動の自由化は含まれていないと思いますが）。

とはいえ、国際協定にせよ、所詮は「約束」に過ぎません。世界の歴史は、条約に代表される国同士の約束破棄の繰り返しです。条約を締結したとはいえ、何らかの「強制力」が働かなければ、結局のところグローバリズムは成立し得ないことになります。

１９９２年に始まったグローバリズムにおいて、強制力を保有した国は、もちろんアメリカです。そういう意味で、本文中で渡邉氏が看破しているように、現在のグローバリゼーションは、所詮は「アメリカナイゼーション」に過ぎないのです。

「前回」のグローバリゼーションは19世紀末頃に始まり、１９１４年の第一次世界大戦で終焉へのプロセスが動き出し、１９２９年の大恐慌でとどめを刺されました。前回のグローバリゼーションにおいて、各国にルールを強制する力を持っていたのは、イギリスでした。第一次世界大戦でイギリスのパワーが衰え、覇権国はアメリカへと交代し、世界の基軸通貨もポンドからドルへと移行したのです。

覇権国の交代は、別に「一瞬」で行われるわけではありません。十数年、ときには数十年を超えるスパンで、ゆっくりと時の覇権国が「次の覇権国」へと移り変わるのです。

現在、ウクライナ・クリミア紛争の例からも明らかなとおり、アメリカの「強制力」が明らかに衰えつつあります。ロシアという「グローバリズム」への挑戦国に対し、アメリカは軍事的な強制力を発揮することができませんでした。結果的に、クリミア半島はロシアに編入されてしまいます。

グローバリズムとは、世界の多数の国が自国の国益を中心に考えるようになると、瞬く間に崩壊してしまいます。とはいえ改めて考えると、国家が自国の利益を追求することは、これは当たり前の話です。グローバリズムが、

「各国が国益中心主義を採らず、互いに約束したルールを冒さないことに合意する」
という危ういバランスの上に成り立っていることが分かります。すでにして、ロシアに代表される「ナショナリズム（国民主義）」を優先する国家が登場した以上、現在のグローバリズムは中長期的には衰退することになるでしょう。歴史はグローバリズムから、ナショナリズムの方向へ動き出しているのです。

グローバリズムは、日本のような所得が高い先進国の国民を中国に代表される低所得国の国民との競争に追い込みます。いわゆる「底辺への競争」が発生し、日本国民の実質賃金はグローバリズムの進展とともに下落していきました。すなわち、国民が貧困化していったのです。

筆者は、日本こそが「グローバリズム（あるいは「節度なきグローバリズム」）」から「ナショナリズム」への移行の先鞭をつけるべきと主張してきました。理由はシンプルで、節度なきグローバリズムの進展は、日本国民を貧しくせざるを得ないためです。

とはいえ日本がナショナリズムに基づく経済、すなわち「国民経済」を取り戻す前に、時代の方が先に動き出したように思えます。すでにして、アメリカでもノーベル経済学者のジョセフ・スティグリッツ教授を皮切りに、国民の貧困化をもたらすグローバリズム（あるいは節度なきグローバリズム）への批判が高まってきています。

グローバリズムにせよ、ナショナリズムにせよ、結局はバランスの問題であり、

「国境におけるすべての制限を撤廃したグローバリズム」

も、

「国境においてすべてを制限するナショナリズム」

のどちらも国民を幸福にすることはないでしょう。極論的な政策を実行し、国が栄えたためしはありません。

グローバリズムを批判すると、途端に「鎖国主義者！」といったレッテルを貼られてしまいますが、筆者（そして恐らく渡邉氏も）は行き過ぎたグローバリズムではなく、節度あるグローバリズムを志向し、ナショナリズムを取り戻す方向に向かった方が日本国民は豊かになれるでしょう、と主張しているに過ぎません。

適切な「バランス」は、結局のところ国民同士が議論を深め、試行錯誤を繰り返さない限り取り戻せません。というわけで、本書が我が国における、

「グローバリズムとナショナリズムのバランスを考える」

議論の端緒になればと、三橋貴明は心の底から祈念する次第でございます。

第三章

ブロック経済化する世界の中で②——中韓の行方

第一章

グローバリズムを安楽死させるために

ウクライナ情勢から見えてきたこと

渡邉　世界経済の、まず時事的な話題から入ります。ウクライナの問題です。本書が出版される頃にはまた状況が進展しているはずですが、現時点でもウクライナ問題からは世界の今後を左右すると言ってもいい１つの現実が見えてきています。それは**「西側・東側」**という概念の復活です。ご承知の通り、旧ソ連邦崩壊までは世界は東西両極に二分されていた。共産主義と自由主義という２つの経済体制が冷戦という形で対立していたわけです。で、共産主義側が自壊して自由主義が世界を事実上制覇し、その中から新自由主義というものが生まれてきたというのがこの10年の流れでした。

一方、もう１つ重要な観点は、覇権国であるアメリカに敵がいなくなったこと。これが、アメリカが武力というものに否定的になった理由です。冷戦終了後のアメリカの敵といえば、中東を中心としたテロリストであり、国家のような組織化された敵ではなかった。その状況において、アメリカは泥沼の中東戦争を戦うことになったわけです。しかし今回、プーチン率いる帝政ロシアのようなものが復活し、「西側・東側」という概念が改めて浮

ウクライナ紛争の本質

天然ガスパイプラインの流れ

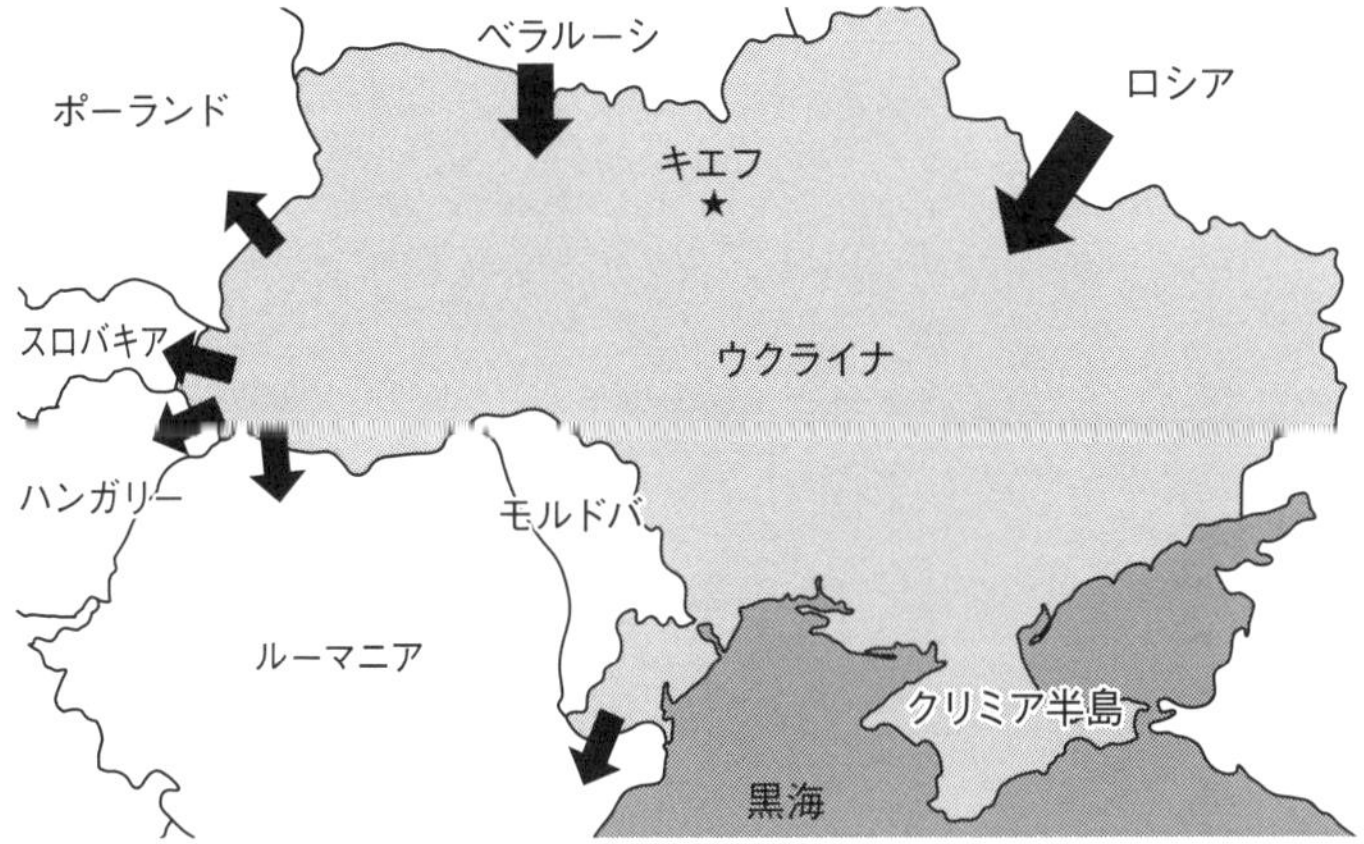

出典：National Gas Union of Ukraine

EUのガス輸入先（2008年）

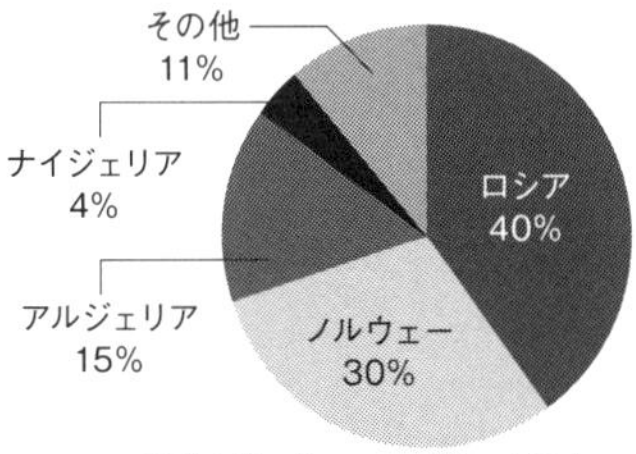

出典：The European Files, 2011, n。

ウクライナ紛争は、一言で言うと、かつてのベトナム戦争と構図的に似ている。すなわち、ロシアvs.アメリカ・EUの代理戦争という構図である。

もともとウクライナ国内には、親欧米派で、かつユダヤ人問題を抱える西側住民と、ロシア系で構成される親露派の東側住民の対立構造があった。そして、ここに民族問題が絡むため、状況は単純な二項対立では割り切れない複雑な様相を呈する。そんな中、2000年代後半から経済情勢が悪化し、2010年の大統領選挙で親欧米の前職が敗れ、親露のヤヌコビッチ政権が誕生した。ここまでが、今回の紛争の前提である。

2013年11月頃から首都キエフで親欧米派のデモがはじまった。デモは次第に民族主義的勢力が火炎瓶を投げるなどして暴力化し、テロ活動に発展していった。この親欧米派の破壊的デモをロシアが介入して鎮圧。一方、欧米諸国はロシアがデモ隊のそれを上回る暴力を用いてデモを鎮圧したことを非難。デモ隊は武器庫から弾薬を盗むなどして反政府活動を過激化させ、2014年2月には政府機関と地域党本部などを占拠した。ヤヌコビッチ大統領と閣僚は東部地区へ逃亡したと伝えられている。

現状は、国際社会の支援を受けた親欧米派が有利だが、これまでロシアに経済的に強く依存してきたウクライナがアメリカ・EU側になびいても国民経済が改善するとは限らない。民族主義の問題もあり、状況は予断を許さない。

上してきたわけです。
これは、世界にとって非常に大きな意味を持つ。なぜなら、世界には２００を超える国があるわけです。日本ではよくアメリカと中国、後は韓国・北朝鮮だけで世界を語る人がいるけれど、これは大きな間違いで２００の国がそれぞれ議決権を持つというパワーゲームの上で成り立っています。ところが、そのパワーゲームが上手く機能しないということで国連中心の指導体制が生まれ、サミットと呼ばれる先進国を中心とした西側の指導体制が生じてきた。このサミットが新興国を加えたＧ20になり、次第に無力化しつつあったわけです。そんな中、今回Ｇ７が「ロシアがウクライナの主権と領土を侵害した」と非難する共同声明を出した。これは、歴史の非常に大きな転換点だと思います。

三橋　「西側・東側」の復活というのはその通りなのですけど、事態はもう少し複雑です。まず、なぜウクライナ問題が始まったのかを検証すると、これはエネルギー安全保障の問題なのです。ウクライナという国は、旧ソ連時代はロシアから天然ガスを安い価格で買い、それをパイプラインで引いて経済を成り立たせていた。そのパイプラインが今、欧州まで届いているという状況です。
１９９２年にソ連邦が崩壊し、さらにウクライナでは２００４年、大統領選の結果への抗議運動とそれに関連した政治運動などの一連の事件――オレンジ革命と総称されます――が勃発し、親西側というか、当時のＥＵに密着した政権が誕生したのです。ところが翌2005年の後半に第一次ロシア・ウクライナガス紛争が勃発した。このとき、ロシア側がウクライナに何をつきつけたかというと、「国策会社であるガスプロムが売っている天然ガスの値段を引き上げますよ」ということです。それも何割か上げるとかいう話ではない。約四倍に引き上げるという通告を出したわけです。ウクライナとしては、当然のめません。結果、ロシアは2006年1月1日にウクライナへのガス供給を止めました。とはいえウクライナ経由で欧州へのガスを送り続けていたわけで、そこで何が起こったかというと、ウクライナが途中で天然ガスを抜く（笑）という暴挙に出たわけです。それで結局、欧州にガスが届かなくなって大混乱が生じた。そういう経緯があります。

その後、2008年のリーマンショックの後、ウクライナは事実上、経済破綻してＩＭＦ（国際通貨基金）から緊急融資を受けることになった。あのときも、再びロシアにガス代を払えなくなったわけです。すると、またガスプロムがガス代を引き上げると同時に、「未払い金を払え」「罰金を払え」と言い出した。最終的にウクライナは未払い金を払ったけれど、罰金はどうしても調達できず、結果2009年1月1日にまたガスの供給が止まった。すると今度はやはり欧州のバルカン諸国でガスが途絶えてしまい、再び大混乱です。要するにウクライナという国は、ＥＵの方向を向くたびにロシアにいじめられ続けてきたわけです。

それでヤヌコビッチ政権が誕生し、２０１３年12月にようやくプーチン・ヤヌコビッチ会談が実現して、ガスの安定供給について合意に達しました。つまり、ウクライナは親ＥＵから一転してロシアの方を向いた。収まらないのが西側のカトリック圏の人たちです。大規模デモがはじまり、一応、ＥＵの合意の下に実現することになった前倒し選挙の最中、デモ隊が大統領府に突っ込んでヤヌコビッチは逃亡、というのが顛末。ですから、今のウクライナの政権は選挙を経ていないクーデター政権です。

ロシアはヤヌコビッチの依頼を一応受けた形で、まあ、クリミアに軍隊を送ったのでしょうね。それにＥＵが反発しているわけで、アメリカはいいとして、欧州って天然ガスの3割をロシアから輸入している。これが止まったらもうどうにもならないので、私は少なくともドイツはそんなに反ロシア的な動きにはならないと思います。ただ、これは日本にとっても他人事ではなくて、わが国も天然ガスの1割はロシアからの輸入です。1割だから大したことはないと思うのは大間違い。日本がロシアへの経済制裁に加入して、彼の国から天然ガスを輸入できなくなると、絶対に他の売り手たちが値段を吊り上げてくるわけです。すると、またまた電気料金が上がることになる。

そういう経緯・背景を踏まえた上で、私が強く感じるのはアメリカのパワーの凋落です。今回のウクライナ問題に関しても、アメリカは指導力をまったく発揮できていないでしょう。アメリカによるアメリカの支配パックス・アメリカーナははっきりと終焉しつつある。これが1つ。もう1つ、より重要なことは、グローバリズムの前提が崩れてしまったこと。なぜなら、「国境をなくして共通ルールの下にグローバル競争しましょう」などという理念は、**ロシアのような国が存在しないことが前提**だからです。いや、ロシアだけではなく中国という存在もあります。両国の台頭は、グローバリズムの前提の崩壊を意味するのです。

渡邉　一般的にオレンジ革命を主導したのはアメリカの民主党の軍事ブレーンであるズビグネフ・カジミエシュ・ブレジンスキーだと言われています。今回のヤヌコビッチ政権打倒に動いた勢力に関しても、民間軍事会社を通じてアメリカが支援しているという事実があるようです。それに対してロシア側が反発しているという前提条件が1つある。

三橋さんが紹介されたウクライナ問題のこれまでの経緯を補足すると、ウクライナのガス料金はこれまでドイツが何回か立て替えている。なぜならウクライナへのガス供給が止まると、ドイツのエネルギーが止まるから、です。これはドイツだけの問題ではなくて、北欧諸国などはエネルギーのガスプロムからの調達が１００パーセントという国もある。そうすると、ＥＵはロシアに対して全加盟国合意の主張を言い出せない可能性がある。さらにドイツは脱原発を唱えたが故に、もともと親ロシア的であるアンゲラ・メルケル首相がロシアからのエネルギー調達拡大を大きな外交戦略の1つとして掲げてきたものの、その戦略も大きく覆ろうとしているわけです。

三橋　ドイツは脱原発を掲げているけれど、実際は全然、脱原発していませんね。

渡邉　要するに、フランスから原発の電力を大量に買っている。ヨーロッパには日本のような島国と違い、大陸全域にまたがる電力供給網があるのです。ですから、ヨーロッパの原発やエネルギー保障に関する議論を、そのまま日本に持ち込んでも意味がない。

三橋　フランスなんてエネルギー供給8割が原発ですからね。

渡邉　ドイツからフランスへの国境を少し越えると、もうそこに原発があるというのが事実です。

三橋　それともう1つ、渡邉さんのおっしゃる電力網もそうなのですけど、重要なのはヨーロッパにはガスパイプライン網があること。ですから日本で発送電分離とか呑気なことを言っている人がいるけど、その前にまず国内にガスパイプライン網を作りましょうよ。唯一、中部電力と大阪ガスの間だけパイプラインがつながれたので、たとえば中部電力の港に着いたガスを大阪ガスに輸送できるけれど、その他の地域には運べませんからね。そういうことを考えると、安全保障1つとっても今回のウクライナ問題は参考になります。

それから、アメリカが主張する民主主義の御旗なんていうものが、**嘘っぱち**だってことがよくわかった（笑）。もし民主主義を謳《うた》うのであれば、ヤヌコビッチの追放を非難すべきでしょう？　クーデターで政権を奪った暫定政権を擁護してどうするの（笑）。

渡邉　そもそも正義というのは国の数、人の数だけあるわけです。アメリカにはアメリカの都合に基づく正義、ヨーロッパにはヨーロッパの都合に基づく正義があり、それを振り回すと戦争になるという話であって、これは仕方がない。

それで三橋さんのおっしゃったパイプラインの話ですけれど、日本にそれがないことのメリットというのも実はあるのです。なぜかというと、日本にはその代わりにＬＰＧ（液化天然ガス）がたくさんある。たとえるならばプロパンガスのボンベをたくさん持っているようなもので、これはエネルギーを備蓄できる。しかしヨーロッパのパイプラインは都市ガスなのでエネルギーを備蓄できない。供給が止まると即座に危機に直結してしまうことになる。

三橋　なるほど。しかしそんな状況で、よくロシアへの非難声明なんか出せますよね。

渡邉　逆に言うと、ロシアはこの冬の寒い時期を狙ったのですよ。エネルギーの供給を停められてはならない時期です。まあ、**オリンピックも終わったことだし、そろそろいいだろう**（笑）、と。

三橋　ただ今回のウクライナの暫定政権って、立ち上がるまでのプロセスがかなり過激だったじゃないですか。ほとんど70年代のチリのアウグスト・ピノチェトによるクーデターを想起させるほど激しかった。武装したデモ隊が大統領府になだれ込んだわけですから。それ自体は、プーチンが狙ったわけではないでしょう?

チリ・クーデター　1973年9月、チリの首都サンティアゴで発生したクーデター。社会主義者として知られるアジェンデ政権が、CIAの支持を受けたピノチェト将軍率いる軍部に倒された。

渡邉　狙ったわけではありません。ただ、やはり武器を供給する人がいたのは間違いない。ということは、どこかの勢力が武器を流し込んでいるわけです。「アラブの春」などの例でも、ブラックウォーターなどのアメリカの民間軍事会社が絡んでいると言われていました。そういう機関が武器や傭兵を供給することで、いわゆる革命がなされているというのが歴史の裏側の真実であるわけです。ですから、日本で革命とか口走る人たちのお花畑ぶりは、もうどうしようもない。革命には必ず武器が必要です。ということは、それを供給する機関が裏側にいるということ。まあ、それは余談ですが。

民間軍事会社　直接戦闘から要人警護や施設・列車などの警備、軍事教育、兵站などの軍事的サービス全般を行う民間企業。新しい形態の傭兵組織と言われる。80年代末～90年代にかけてアメリカで誕生し、2000年代の対テロ戦争で急成長した。

グローバリズムは「イマジン」の世界

三橋　新自由主義の時代、グローバリズムの時代が終わったのかというと、まだ終わってはいません。ただ、いろいろなところで矛盾が噴出してきていて、主に2つの意味でそれを維持できなくなりつつある。1つは先ほど申し上げた通り、グローバリズムを成り立たせる前提が崩れてしまったこと。「ならず者国家」と言いたくはないわけですけど、グローバリズムに刃向う国――しかも力を持った――が出てきてしまっては、もうどうにもならない。2つ目はヨーロッパなどを見ると各国は一応、民主主義によってグローバリズムを否定しようとしています。けれど、そのユーロそのものがグローバリズムの究極の姿だという矛盾。ですから、民主主義でユーロを否定しようと思っても何もできない。どうなるのかなあと思って見ていたら、案の定、起こったのは暴動です。ヨーロッパでは民主主義が役に立たないために、今後、暴動が増えていくと思います。

　では、アメリカはどうか。一応、民主主義が機能してはいます。しかし、現実的にはおカネが政治を決める資本主義型民主主義になってしまって、末期的症状を呈しています。ですから、やはりグローバリズムは最終的には終わりの方向に向かっているのではないかと私は見ています。

渡邉　いま三橋さんがグローバリズムという言葉を使われましたけれど、その前提は「1つの国家、1つの地球」という理念ですね。

三橋　ジョン・レノンの「イマジン」の世界。「想像してごらん、国境なんてないのだと」(笑)。

渡邉　ところが、1つの地球＝one worldと言っている人たちの考え方とは、実はmy worldだったりする。グローバリズムとは煎じ詰めれば自分たちの利益のために自分たちのルールや価値観を世界に広めようということにほかならない。それを先導してきたのが

イマジン（イメージしてごらん）

ジョン・レノン
（訳　高木善之）

イメージしてごらん
天国や地獄なんてないんだ
難しいことじゃないよ
見上げればただ空が広がっているだけさ
みんな今を生きているんだ

イメージしてごらん
国や国境なんてないんだ
簡単なことだよ
そのために殺し合ったりしなくていいんだ
みんな平和に生きられるんだ

イメージしてごらん
所有なんてないんだ
欲張りしたり、争ったり、飢えることもないんだ
僕たちは家族なんだ
たった一つの世界に分かち合って生きているんだ

君は僕のことを「夢見る人」って思うかもしれない
でも、それを願っているのは僕だけじゃない
君もいつかきっと、僕の仲間になり
この世界は一つになるんだ！

金融資本主義という構図です。私は陰謀論は大嫌いなのですけど、その上であえて申し上げると、グローバリズムの中心にいた人たちとはユダヤ人であったり、あるいは華僑や印僑と呼ばれる人々であったり、もともと定住地を持たない人々だったわけです。彼らの根底にある思考や思想というのがグローバリズムの前提としてあったのですね。彼らは租税回避地などを上手く作り、自分たちはそこに拠点を置きながら、世界中の民からどのように搾取するかというストーリーを描いた。そのストーリーの中で、各国の政治というものに関与してきたわけです。

　ただ先般のダボス会議でも問題になりましたけど、格差という問題が無視できないほど

大きくなってしまったために、そのストーリーが否定されるようになってきた。そこで生じてきたのが分配の問題です。いつも例に引くのですが、ノブレス・オブリージュ＝貴族の義務という言葉がありますでしょう？　貴族の義務として、貧しき人々に分配するという。これは決して純粋な善意などではなくて、貴族はそうしないと自分たちの身が危うくなるので分配するわけです。分配しないで一部の人（貴族）たちだけが蓄えると、政権が引っくり返ってしまう。今、グローバリズムのいわゆる〝勝ち組〟が考えているのも、要するにそういうことです。

三橋　おっしゃるように、グローバリズムとは無政府主義的なのです。国境というのはまさしく国の規制なので、これを減らしましょうというのも同然です。そして社会のルールもできるだけ減らしましょうと主張している。論理を突き詰めると**最終的には赤信号で停まるというルールもなくなる**のではないですか（笑）。

　しかし現実問題としてグローバリズムが実現するためには、確固たるパワーを持つ国が1つあり、その国の定めるルールに従って世界的な秩序が維持されていなければならない。そこで問題になるのがアメリカの凋落です。世界が1つになる前に、彼の国のパワーが落ちてしまった。ですから、今回のグローバリズムというのは最終的に終わるしかない。

渡邉　そうですね。歴史的に見ても1つのルールで世界が統一されるのであれば、宗教戦争は起こらないはず。宗教はとっくに1つに統一されているはずです。それが不可能なのは宗教が各民族の文化に深くかかわっていて、当該民族の行動規範になっているからです。ユダヤ教の聖典であるタルムードなどを見ればわかります。「ユダヤ人はこうあるべき、こう行動すべき」と事細かく書いてある。

三橋　それは要するに規制ということですね。

渡邉　そう、規制です。たとえばイスラム教ではカネを貸すときに金利を取ってはならないとか。そうした行動規範＝規制を1つにまとめることなどできるわけがない。したがってone worldというのは幻想でしかないということになります。

三橋　少し歴史的な話をしますと、グローバリズムが上手く機能していたのは、むしろ戦後の1945年からニクソンショックまでではないかと思います。西側諸国の間でお互いに貿易することを前提に、各国が国民経済を中心に社会保障を充実させる。このモデルに基づき、ニクソンショックまでの先進国というのは今の2倍の成長率を実現していたわけです。しかし、それがなぜ成り立っていたかというと、アメリカが圧倒的なパワーを誇っていたおかげです。各国がどれだけ生産を増やしてもアメリカがどんどん買ってくれる。

しかも対ドルの為替相場は固定相場という、一種の金本位制をやっていた。アメリカのパワーの上で成立していたモデルだったわけです。

問題は、このモデルではどうしても勝ち組と負け組が出てきてしまうこと。勝ち組は日本と西ドイツでした。それでアメリカは製造業が負け組になってしまい、貿易赤字が拡大して、ドルへの信認が揺らいでしまった。

「本当に金を持ってんの？　あんた」（笑）、と突っ込まれたほどです。それでニクソンショックが生じたわけです。グローバリズムの美しい時代は、そこで一度、幕を閉じます。そして冷戦終結後、再びアメリカのパワーが復活したため、グローバリズムが再興したわけですけど、今度は市場が西側だけではなくてワールドワイドに拡大していますから、なおさら維持するのは難しい。その中でアメリカはＷ・ブッシュ政権までは確かにパワーを持っていたので何とか維持してきましたけど。それもまあ、イラク戦争までの話ですね。

ニクソンショック　1971年にアメリカ合衆国のリチャード・ニクソン大統領が電撃的に発表した、既存の世界秩序を変革する2つの大きな方針転換。1つはニクソン大統領の中国訪問。もう1つはドル紙幣と金との兌換を停止し、ブレトン・ウッズ体制を終結させたことである。

渡邉　西側諸国がニクソンショックまでグローバリズムを維持できた理由は、ソビエト連邦という敵がいたからという理由もあると思えます。明確な敵がいたから、軍事の拡張もできたわけです。しかし明確な敵がいない世界では、逆に自分たちの勢力も拡大していかない。比喩的に言うと、朝日新聞が潰れると産経新聞の存在価値がなくなる（笑）、というようなことです。やはり国でも人でもライバルといわれる存在があってはじめて発展していけるもので、それがないと衰退していくのは歴史の必然ではないでしょうか。

三橋　それ、非常によくわかる。たとえば日本の保守と呼ばれる人たちって単なる反左翼なのですよ。だから必ず左翼の逆を行く。左翼が親中・親ソ連だと自分たちは親米。そこで、なぜ親日本じゃないの？　という問題が噴出していますが。

ＧゼロのＧはジャイアンのＧである

三橋　相対的にパワーは落ちているものの、アメリカはまだ世界のリーダーの座から完全に滑り落ちてはいないと思います。最近、よくＧゼロの時代――世界に明確なリーダーが存在しない時代という言葉が使われますが、現状はまだそこまでいっていない。Ｇ０・５ぐらいですね。しかし、その０・５が限りなくゼロに近づいてきていることは確かです。

そうすると、日本の立ち位置というのも微妙なものになってくる。いつまでも親米一辺倒ではやっていけない。たとえば日本は今、原発を稼働させていませんが、これはアメリカにとってハッピーな状況です。なぜかというと、アメリカがシェールガスを売り込めるから、です。だからといって、いつまでも原発を停めたままで「アメリカさんのシェールガスのおかげで電力がまかなえます」などという状況になってしまったら、これでは**完全な属国**です。まあ、もともとが属国だったわけですけど、今はその傾向がますます強まっている。そういう中でアメリカのパワーが落ちてきている。ですから、日本は今後、アメリカとの関係をどう構築していくのか、真剣に考えなければならない。

シェールガス　頁岩（シェール）層から採取される天然ガスのこと。従来のガス田ではない場所から生産されることから、非在来型天然ガス資源と呼ばれる。主にアメリカで産出し、同国のエネルギー政策の切り札と言われる。

渡邉　確かにアメリカの力は相対的に弱まってきている。ただ彼の国にはまだ切り札的な武器があって、そのことについては考えておくべきでしょう。アメリカが今持っている最大の武器は、ＩＥＥＰＡ（INTERNATIONAL EMERGENCY ECONOMIC POWERS ACT）こと国際緊急経済権限法（ＩＥＥＰＡ法）です。これはどういうものかというと、大統領令ひとつで外国および外国人が持つ資産を凍結・抹消できるという強烈な法律。

ですから、アメリカとその同盟国に敵対的な行為をした国、安全保障面で脅威を与えた国などに対しては、その資産を簡単に凍結してしまえる。たとえば今回のウクライナ問題を受けて、アメリカはこのＩＥＥＰＡ法を発動しました。ウクライナの安全保障を脅かす個人・国家・団体に対して金融制裁をかけたわけです。するとどうなるか。金融制裁というとソフトな表現なので実態がわかりにくいのですが、要は制裁対象となった国や個人がアメリカ国内に持つ資産を抹消し、かつ彼らに対しアメリカの企業や銀行との取引を停止するものです。ですから、ＩＥＥＰＡ法の指定を受けた国の銀行は破綻せざるを得ない。

たとえば、よく中国はアメリカの国債を持っているから、アメリカは中国に逆らえないなどと言う人がいるでしょう？ **完全な誤りです**。アメリカが中国に対してＩＥＥＰＡ法を発動したらどうなるか。アメリカの国債に現物はほとんどなく、全部登録制なので、その登録を抹消してしまえるわけです。中国の持っているアメリカ国債をデジタルデータで消してもアメリカ国債自体は何の影響も受けない。ところが、中国というのは人民元以前に貿易通貨として香港ドルがある。香港ドルは米国債を担保に発行されているものなので、データが消された時点で中国は一気に貿易ができなくなる。中国は食料自給率が8割強に落ちている状況にあって、穀物輸入をアメリカに頼っている。その輸入が途絶えたらどうなるか――そう考えると、アメリカが中国に逆らえないというのは完全に逆。**中国がアメリカに支配されている**のです。

三橋　今のお話をうかがうと、ますますグローバリズムは維持できない状況にある気がします。グローバリズムの根底には財産権の保障がなければならないのに、アメリカはそれすらも否定し、自分たちの勝手なルールを押し付けようとしているわけですから。

渡邉　財産権の保障に関しては、「アメリカに害をなさない限り保障しますよ」ということです。しかし外交というのは相互主義ですから、アメリカがそうするなら他の国も対抗手段を講じることができるはず。ところが、他国がそれをするとアメリカさんはぶちギレる。要はドラえもんに出てくるガキ大将**ジャイアン**なのですよ（笑）。GゼロのGというのはジャイアンのGですな。

三橋　そしてジャイアンの背後には軍事力が控えている、というわけです。問題はそこの部分。たとえば今回のウクライナ問題に関して、アメリカが本気でなんとかするつもりだったら、当初の時点で海兵隊を少なくとも黒海には派兵する必要があった。ところが、それができなかった。なぜか。派兵すれば当然、戦死者が出るからです。現実的には、アメリカはすでに他国の安全保障のために自国の兵士を死なせることはできない。民主主義国という建前としては。

そう考えると、尖閣諸島をめぐって本当に日中が揉めたとき、日米安保条約が適用されるかどうか、私はかなり疑問だと思う。同盟国の辺境の島の安全保障のために、核保有国相手に自国の兵士の命を危険にさらすような政治的リスクを、民主主義国が負うかどうか。アメリカが独裁国だったら、やるでしょうけど。

渡邉　ウクライナへの派兵に関しては議会の承認も要りますし、国内で政治的な抵抗が強かったのだと思います。事実上、レイムダック（死に体）化した大統領にそれを押し切ることは難しかった。今年11月には中間選挙も控えていますし、国内世論の反発の強い政策は絶対に打てないという状況もありました。

三橋　そのあたりの事情について、プーチンは全部わかっていましたよね。

渡邉　全部織り込み済みでしょう。そしてアメリカ側は派兵のかわりにＩＥＥＰＡ法というカードを切った。これ、本当は最終カードなので早い段階で切るものではないのですが、安直に奥の手を使ったという感じです。ただ、ロシアを名指ししてしまうと戦争になるので、「ウクライナに害する者」という形にして直接的な名称を出すのを避けた。しかし、

尖閣問題と日米安保

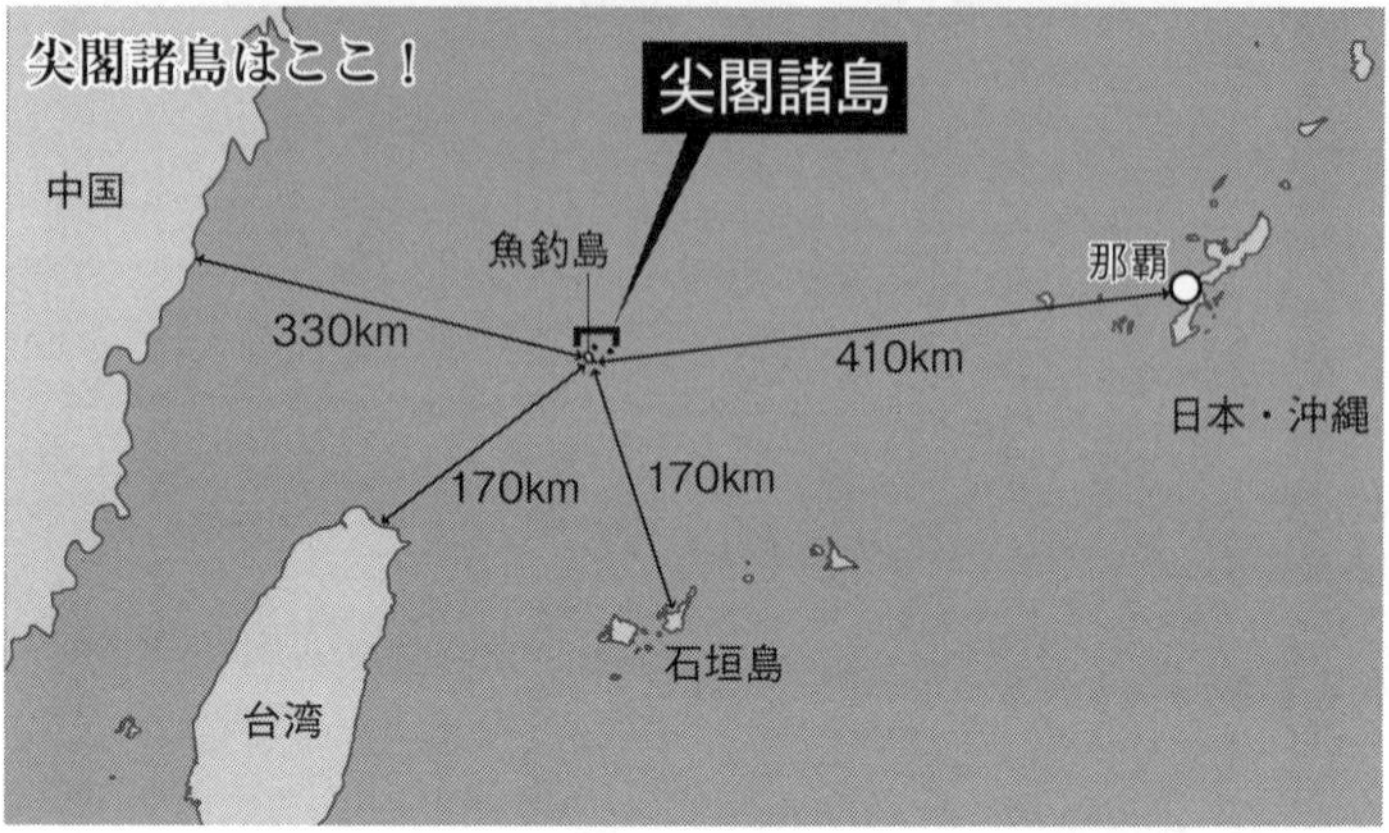

米国は「尖閣諸島は日米安保条約第5条の適用対象」だと表明している。ただ、具体的にみると法律的な曖昧さが残る。米国報道官は次のように述べている。「米国政府は尖閣諸島の最終的な主権について立場を示さないが、尖閣諸島は1972年に沖縄県の一部として日本に返還されてから、日本政府の行政管理下に置かれてきた。そのため、尖閣諸島は日米安保条約第5条の適用対象である」。

問題は条約の解釈にある。日米安保条約第5条では「日本国の施政の下にある領域」という表現が使われているが、これが施政下にある領土に限られるのか、それとも主権を認められていないが実効支配する領土を含むのか、条約の文面からは明確にならない。したがって、米国は尖閣問題に日米安保を適用するともしないとも言えるわけだ。鍵を握るのは今後の米中関係。それによっては、尖閣が日米安保の対象外とされることもあり得る。

ＩＥＥＰＡ法の発動によって実際にどういう影響が出たかは今のところ見通せません。北朝鮮への経済制裁と同じで、順番に締め付けていくことになりますから、本書が出版されるころにはかなり状況が明らかになっていると思われますが。

グローバリズムの理想郷は中国である

渡邉　話をグローバリズムに戻しますと、世界にはそれを捨ててブロック経済化していく動きがあります。ブロック経済化の最たるものがユーロですね。すでに失敗が明らかになっていますけど。アメリカはＮＡＦＴＡ（北米自由貿易協定）で南米の一部やカナダなどの周辺国をブロック経済化している。アジアに関しても――まあ、ＴＰＰの帰趨《きすう》が影響しますが――ＡＳＥＡＮ等を含めてブロック経済化させようという動きがある。この３つのブロック化が完全に１つになることはあり得ない。

日本がアジアで行っている価値観外交というものも、実際は軍事を除いた大東亜共栄圏の復活で、ブロック化の一環と言えます。ただ、そこで一番の問題は、日本が軍事力を持たないことです。要は**「借金取りのいない金貸し」**のようなものです。言葉は悪いですけど「ケツ持ち」（ヤクザなどの後ろ盾）がいない。そうした中で、日本が貸した金を回収しようとすると、どうしてもアメリカを中心としたアジアの安全保障体制に頼らざるを得ない。この体制から日本が脱け出せるかどうかというと、かなり難しいと思います。

三橋　アメリカは、おそらく日本を上手く封じ込めたいのだと思う。たとえば日本が軍事力を増強してベトナムなどを含めた東南アジア諸国と手を組み、中国と対抗するというのは、アメリカにとっては一方では〝良い〟シナリオです。ただ、もう一方で、日本にそれをやられてしまうと、東南アジアでのアメリカのプレゼンス（存在感）がガタ落ちになってしまう。

ですから、アメリカとしては中国も封じ込めたいけど日本も封じ込めたい。そのあたりの思惑が安倍総理の靖国参拝に際して「Disappointed」（失望した）という表現になって現れたのではないか。さらにメディアなども、たとえばウォール・ストリート・ジャーナルとかニューヨーク・タイムズとか、安倍さんを批判しまくっていますよね。「安倍はウルトラ・ナショナリストである」などと書いている。

渡邉　ウォール・ストリート・ジャーナルの安倍批判の記事って、実は日本人が書いているのですよ。林由佳という記者が反日の記事を書きまくっている。外国人が書いているわけではない。そういう例は他にもあります。

三橋　なるほど。マッチポンプなわけですか。

渡邉　**完全なマッチポンプ**です。それで、「アメリカの報道機関はこう書いている」と称して、保守勢力への外圧として使おうとしている。

三橋　何が目的なのでしょう?

渡邉　一言で言えば、左翼勢力です。

三橋　そうかな。その海外メディアで日本批判を書く記者たちって、逆にグローバリズムに染まっている連中のような気がする。左翼とグローバリストって、実は裏でつながっているパターンが多いから。

渡邉　グローバリストか左翼かではなくて、たんなる進歩的文化人なのでしょう。昔風の言い方をすると。

三橋　左翼とグローバリストって、本当に区別がつきませんね。竹中平蔵が共産主義者に見えてきた（笑）。

渡邉　そこは、中国に共産主義がないことと同じでしょう（笑）。

三橋　中国ほどグローバリズムに染まった国はありませんからね。グローバリズムを推し進める上で最大の問題は国内の事業者——農協などはその典型ですけど——の反発です。「国境をなくして外国で競争をしましょう」という理念に抵抗する勢力ですね。彼らを黙らせる一番いい方法は、民主主義を機能させないことです。そこで中国。**彼の国にはもと**

もと民主主義がない。ですから、人民の意向を無視してグローバリズムを推進することができる。グローバリズムの理想郷なのではないでしょうか、中国って。まあ、中国論は追って詳しく展開しますが。

現在のロシアは「プーチン帝ロシア」である

三橋　でも、こうして渡邉さんと話していると、いわゆる新自由主義＝グローバリズムが国民経済の健全な成長をゆがめているということがはっきりしてきます。中国なんて、もはやまったく共産主義国家ではなく、グローバリズムに最もビルトインされた国であるということを知らなくてはだめですよ。

渡邉　名目上の共産主義国家！　いや、共産主義とか社会主義って、本当はどこにもないのかもしれない。かつて、もっとも成功した社会主義的社会が戦後の日本社会であるなどとよく言われていましたが。もしマルクスが日本に生まれていたら「資本論」は書かれなかっただろう、と揶揄《やゆ》されたものです。

三橋　逆にソ連時代のロシアに生まれていたら、書いたかもしれないですよ。当時のロシアってノーメンクラツーラという支配階級がいて、今の中国と同じ状況だったわけです。赤い貴族たちが国家を牛耳るという、まさにマルクスがもっとも嫌ったタイプの国体でしょう。ロシアのことを少し語ると、もともと古典派経済学に基づく経済人の世界があったわけですけど、それが第一次世界大戦と１９２０年代の大恐慌によって完全に壊れた。それで格差がものすごく拡大してロシア革命が起きた。ところが革命でソ連ができたと思ったら、マルクスが否定した古典派経済学的な構造の国になってしまった。しかし、考えてみれば当たり前のことです。権力の独占が生じているところでは、権力者たちは自分の懐のためにだけ動くようになる。ノブレス・オブリージュなんてものは、現実問題としてどこにもない。

渡邉　理想通りのノブレス・オブリージュは、どの国でも成立しません。

三橋　そうすると、理想的な体制というのはどういうものかという問いが生まれます。私はブレトンウッズ体制下の旧西側諸国というのが、やはり一番理想に近いと思う。国民経済の成長という観点から見れば間違いないでしょう。ところがそれは、先ほど述べたようにアメリカのパワーが圧倒的であることを前提としたものでしかなかった。前提が崩れると、もはや崩壊するしかない。ですから、何がベストかを考えるのは非常に難しい。

渡邉　ブレトンウッズ体制下の旧西側諸国の成長に関して言えば、第二次世界大戦による破壊というものが前提としてあって、破壊からの再生の過程で成長していったという側面も否めない。今では先進国間で戦争を起こしえない状況が閉塞感を生んでいると言えなくもない。私が今のロシアで面白いと思うのは、あれは帝政ロシアの復興なのです。いわば**プーチン帝ロシア**。そしてロシア人たちがある種、それを是として絶賛している。ゆえにプーチンは高い支持率を保っているわけです。

> **ブレトンウッズ体制**　米国と欧州の大国が主導して、１９４４年に発足した通貨体制のこと。金との交換が保証された米ドルを基軸として、各国の通貨の価値を決める固定相場制度が採用された。

三橋　ロシア人は「強いロシア」というのが好きみたいですね。

渡邉　好きですね。強い指導者のいる国家というのが理想です。イワン雷帝とかエカテリーナ2世とか人気があります。また砂漠の民と同じで、服従の民族なのかもしれない。

三橋　それは、彼らロシア人はロシア帝国の時代までずっと支配されてきた民族なわけですから、納得できる。

渡邉　そう、支配されるということに安心感を覚える人たち。これは、朝鮮半島もよく似た構造なのです。大陸国家における政治支配の１つの解答なのかもしれない。

三橋　大陸国家というのは歴史的に、陸続きの国境線の向こうから、いつ騎馬軍団が襲ってくるかわからない状況に置かれてきたわけですから、自分を守ってくれる強い存在に安心感を覚えるのではないですか？

渡邉　そう思います。ですから、そうしたメンタリティを持つ民族の価値観を、日本人的な価値観と同列に語るのは危険なのです。日本のグローバリストたちって、そのことを理解せずにグローバリズムを唱えている。ある意味、危機的状況だと思います。

三橋　日本が本当にグローバリズムをやりたいのであれば、それこそ再軍備して、アメリカを上回るほどの軍事力を持たなければならないと思います。でも、それはどう考えても不可能でしょう。

それで、世界が今後、どのようになっていくかを考えたいのですが、今Ｇ０・５であるとしても、これは遅かれ早かれＧゼロになるでしょう。そのとき、新たな覇権国家が生まれるのかどうか。

渡邉　世界の歴史を少し長いスパンで見ると、基本的に三極構造の中で動いてきた。北米・南米、ヨーロッパ、アジアという３つの軸の間でパワーゲームが行われてきたということです。この三極の中で、次の覇権を握るのはどこかというと、まずヨーロッパでは今後も主導権国家というのは生まれないと思う。それで、アメリカは最前から話しているように凋落していく。では、アジアはどうか。日本と中国のパワーゲームが続き、そこにロシアが絡む。基本的に日清戦争、日露戦争の時代と構造的には変わらないのだと思います。

三橋　ですから、次のリーダー＝覇権国家がどこかという問題ではなくて、「そもそもグローバリズムそのものが沈みますよ」と申し上げたいわけです。それで、次に何が出てくるのかと言えば、私は**国民国家の復活**だと思うのです。

今こそ国民国家を問い直せ

渡邉　今回の対談では、それこそが一貫して流れているテーマですね。つまり、今こそ国民国家を問い直すべきというテーゼがあります。

三橋　そうです。**国民国家の立て直しに、今どの国も着手すべき**。ただ、アメリカや中国は難しいと思います。もともと国民国家とは異なるコンセプトの元に成立した国です。ヨーロッパはできると思う。日本は、絶対にやらなければならない。なぜなら、自然災害大国だから、です。

渡邉　それもそうですし、さらに日本という国の成り立ちですね。民族的にも地理的にも政治的にも国境が1つの国であるということ。それを前提に考えると、外からエネルギーを供給されるばかりでなく、国の中で正常な循環体をつくっていかないと衰退してしまうということがある。

三橋　安全保障1つを取ってもそうです。皆、今は平時だと思っているのかもしれないですけど、実際のところ、**今は非常時**なのです。今の状況というのは、やはり第二次世界大戦前の大恐慌時に似ています。あのとき国民国家というものがもう一度問い直されて、グローバリズムが一度死んだわけです。結局、国民国家同士の戦争になってしまったのですけど。しかし戦争というのはある意味、国民国家を取り戻す絶好の機会ではある。別に戦争を望んでいるわけではありませんが。おそらくプーチンなどはそのことを完璧に理解しています。

渡邉　そうだと思います。今、日本が右傾化しているとよく言われますけど、ロシアのほうがよほど右傾化している。

三橋　右傾化というより、国民国家化でしょうね。そういう意味で、ロシアは反グローバリズムを実践しているわけです。

渡邉　少し議論をまとめたいと思います。私が以前に出版した本に書いたことですけど、資本主義はだいたい3タイプに分類される。**アングロサクソン型資本主義**と**欧州型資本主義**、そして**日本型資本主義**です。アングロサクソン型資本主義というのは金融主体の搾取の資本主義である。欧州型資本主義というのは安定統治者がいて、その存在が民から搾取しながら資本主義を形成していく構造体。そして日本型資本主義、これには統治者がいない。つまり、これこそが三橋さんの言う国民経済型です。決して懐古趣味からではなく、この日本型＝国民経済型資本主義を再構築しなければならないということでしょう。

三橋　そうです。私だって別に難しいことを言っているわけではなくて、**中間層を分厚くしろ**と主張しているだけですから。

渡邉　中間層を分厚くすることは一応、オバマも主張しています。

三橋　ああ、言っているんだ（笑）。でも、どうしてこれが批判されるのでしょう？　当たり前の主張だと思うけれど。そのためには当然、所得税の累進課税や法人税を上げてもいいし、むしろ消費税はゼロにすべきでした。

渡邉　ただ消費税をゼロにすると、日本の人口構成上の問題が出てくる。所得がなくて資産をたくさんもっている65歳以上の高齢者から、どうやって税金を取るかという問題が生

高齢者優遇が著しい日本

世代ごとの生涯を通じた受益と負担

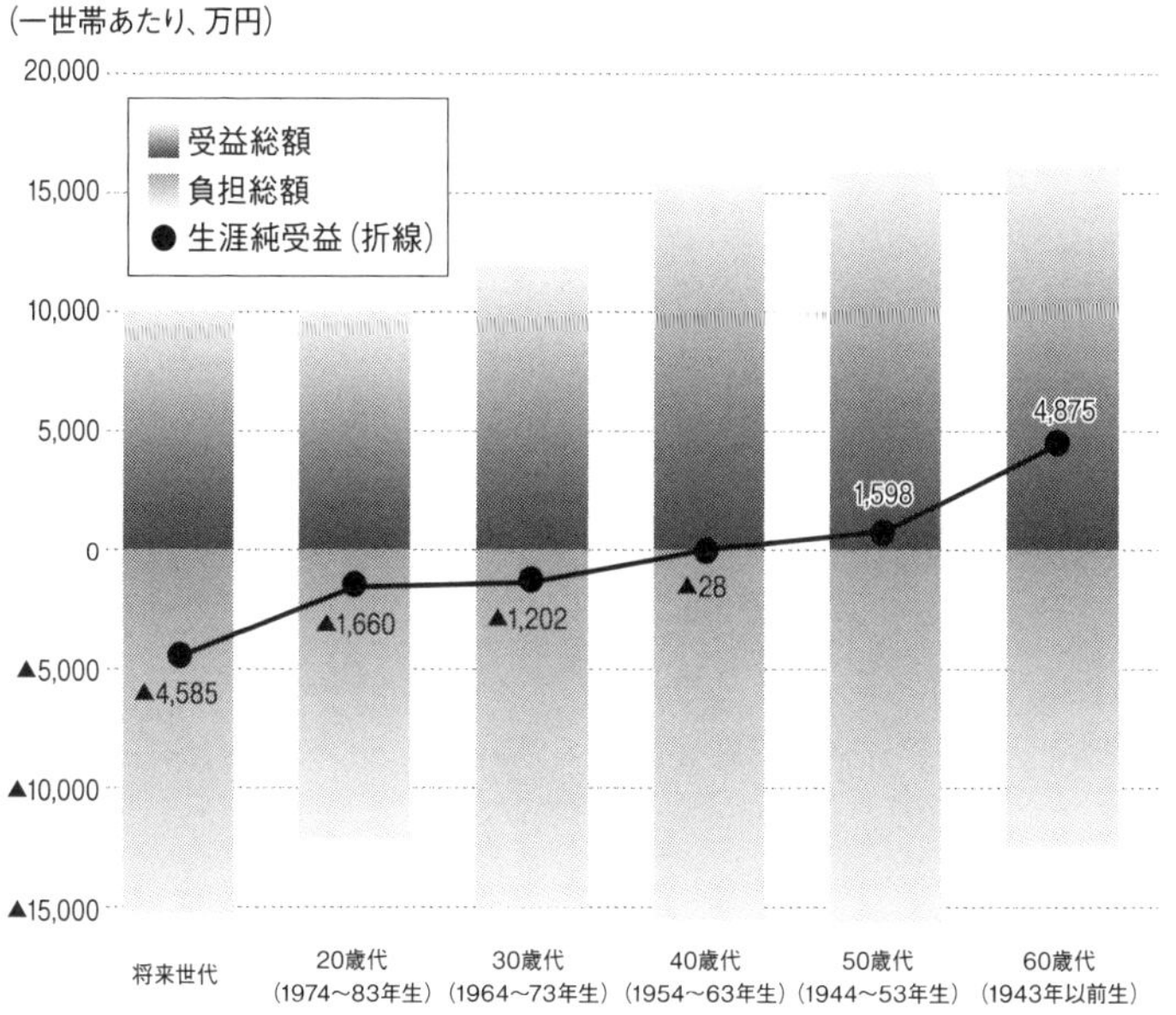

出典：内閣府「平成17年度　年次経済財政報告」

日本では高齢者が政治勢力として多数派である。したがって、社会保障面でも税制面でも、高齢者優遇の措置が取られがち。国のシステムが高齢者を優遇するように出来上がっているのだ。

高齢者優遇＝世代間格差の象徴と言えるのが年金制度である。日本の国民年金は、給付に必要な費用を現役世代が負担する賦課方式という方式をとっている。この方式に基づくと、少子高齢化が進展して受給者の比率が高くなった場合、現役世代の負担が重くなり、負担額に応じた給付を得られなくなるという問題が生じる。一方、厚生年金に関しては1940年生まれの世代と2010年生まれの世代との間で受益・負担の差額に約6000万円の格差が生じるといわれている。

最近、格差是正の手段として年金支給開始年齢の引き上げ、支給額の減額といった措置が講じられているが、抜本的な解決にはもちろん至っていない。高齢者にも真に“痛み”の分担を求める改革が必要と言えよう。

じてきます。

三橋　ですから望ましいのはインフレにすることです。そもそもデフレという状況自体が国民経済的に間違っている。インフレ下であれば65歳以上の高齢者が金融資産を保有している状況などあり得ない。なぜなら、放っておいても資産は目減りしていくからです。インフレ税というのも1つの税金と考えれば、ちゃんと彼らからも取れるのです。

渡邉　そう、4パーセントぐらいのインフレになるというのが理想的かな。そうなると高齢者の金融資産（預金）は目減りしていきます。ただ、そうなるためには製造業をはじめとする企業の体制が充実していなければならない。企業が潰れそうになると国は金利を下げて大量に資金を注入する。そうすると、今のような状況が現出してしまうわけです。ですから、4パーセントのインフレを実現するためにはGDPの成長率をそれ以上に保つ必要がある。

三橋　ただ、私は日本という国は80年代ぐらいの成長率は余裕で取り戻せると思っています。

渡邉　完全な内循環というものを、もう一度作り直せば大丈夫でしょう。

三橋　結論的には、グローバリズムの時代の後には国民経済の時代が来る。**国家を上げてそれに備えよ、**ということです。

第二章

ブロック経済化する世界の中で①——

アメリカ・ユーロの行方

アメリカの財政赤字は問題ではない

三橋　世界のジャイアンであるアメリカに関してよく言われるのが財政赤字の問題。こんなもの、ＦＲＢ（連邦準備理事会）という後ろ盾があるのだから放っておけばいい（笑）。しかし、彼の国も日本と同じように財政均衡主義の罠にはまってしまって、一生懸命に軍事費を削減している。軍事費を削減すると、国力が弱まります。国力が弱まるとブラックウォーターのような民間の軍事会社が儲かるという構図ですね。結局、すべて民間の利益になる。

社会保障の削減に関しても、構図は同じです。オバマケアというのがあるでしょう？　多くの人が誤解しているけど、政府が国民皆保険を実現するという話ではないのです。一言で説明すると、貧困層にも保険に入りやすい一般保険の仕組みを整えましょうということに過ぎないのです。その保険を担うのは実は民間の保険会社なのです。つまり、この政策の全部が民間の保険会社が儲かる仕組みになっている。日本だと、国民皆保険というと政府が保険を担うのだと考えてしまうでしょう？　そこは全然、違います。

オバマケア　アメリカのバラク・オバマ政権が推進する医療保険制度改革。自由診療を基本とする同国では多くの国民が民間の医療保険に加入しているが、保険料の支払いが困難な国民も多い。そこで、オバマケアでは民間より安価な公的医療保険への加入を国民に義務付けることとした。

渡邉　最初から文化が違うから、日本とアメリカは同列には論じられないのです。日本には江戸時代からお上が施策を担う文化があった。でも、アメリカというのはたかだか１５０年前までは、国民が斧やナタで頭をカチ割り合っていたような国ですから（笑）。いや、笑いごとではなく、南北戦争の時代までは現実的にそうでしょう。20世紀初頭まで銃で殺し合いもしていた。つまり、自由の名の下に自分たちで権利を拡大していく。お上の世話にはなりませんという文化です。だって、今でもティーパーティーの連中なんかは政府すら要らないと言っているわけですから。

三橋　彼らは自動車のゼネラルモーターズ（ＧＭ）や保険屋のＡＩＧ（アメリカン・インターナショナル・グループ）が破綻の危機に陥ったとき、救済することまかりならぬと主張したのですよね。もし、あのとき政府が救済に乗り出さなかったら50万人ぐらい失業者が出たはず。

渡邉　いや、下請けの中小・零細企業も潰れますから、もう一桁上でしょう。

オバマはウォール街の手下である

渡邉　オバマケアについて三橋さんの話を少し補足すると、一応、あれも公的医療保険制度ではあるのです。自賠責保険のようなものだと思えばいい。日本の自賠責保険というのは共通プライスで、引受会社はどこでもいいという形になっているじゃないですか。オバマケアも同じです。

三橋　私は当初、もともとある高齢者用医療保険メディケア・低所得者障害者用医療保険メディケイドを拡充させるのかと思っていたのです。でも全然違って結局、民間が儲ける仕組みだった。どうしてこうなってしまうのかというと、やはりリベラルを謳うオバマ政権といえどもウォール街の顔色をうかがわざるを得ないからでしょう。もっと言えば、**オバマだってウォール街の手下の一人**なのです。

渡邉　彼はウォール街からかなりの資金援助を受けていますからね。2009年に「Yes,We Can」で大統領になれたのは、ウォール街のカネを背景としていたからです。

三橋　そうでした。選挙資金の半分はウォール街のカネ。残りの半分が労働組合から援助という形でした。すでに、**この時点で変**ですよね（笑）。グローバリストと左翼の両方からカネをもらっている。そういうことをするから、一貫した政策を打つことができなくなる。これは、日本の安倍政権でも同じです。安倍さんは当初は「みずほの国」という素晴らしい理想を掲げていて、国民経済を立て直す政治をするはずでした。そこに竹中平蔵らグローバリストたちが横から入ってきて、経済政策に関しては右を向いているのか左を向いているのかわからない状態になってしまった。オバマもおそらく、同じことをやられているのでしょう。本来だったらあの人は北米自由貿易協定（ＮＡＦＴＡ）など大嫌いで、正しいアメリカ国民経済主義を展開するはずだったのです。それがグローバリストたちの横やりを受けて、何か彼らの顔色をうかがいながらの政権運営になってしまった。

渡邉　それは、議会の問題というのも大きいと思う。アメリカの場合は議会より大統領の権限のほうが強いわけです。日本の場合は議院内閣制であって、議会や自民党内の圧力を受けつつ、それらをコントロールしていかないと政権運営できない。ですから安倍さんが変質したというよりも、日本で政権を維持していくためには党内の言うことも聞かなければならない。ひいては党内の言うことを聞くとは、間接的に支持者たちの言うことを聞くということです。これは民主主義においては、当たり前のプロセスです。しかし日本には小泉純一郎による劇場型政治の成功例がありますから、それを見た多くの人たちはトップが何かを言えばその通りに動くものなのだと思ってしまった。

三橋　要するに、**党内政治とか議会政治というのは面倒くさい**のですよ。そうしたプロセスを、グローバリストたちはすっ飛ばしてしまいたいのではないですか？

渡邉　いや、でもそれが民主主義の根幹ですから。

三橋　そうなのですけど、新古典派やグローバリストが一番嫌いなのが民主主義です。ですから、カナダのジャーナリストであるナオミ・クラインがシカゴ学派の市場原理主義を「ショック・ドクトリン」と呼んで批判しましたよね。そうした批判があるにもかかわらず、ショック・ドクトリンは生きながらえ続けている。最近の日本の例だと、２０１１年８月の**再生可能エネルギー特別措置法の成立**。福島第一原発事故でめちゃくちゃショックを受けているところに、あれをやられてしまって、今、大問題になっています。

ショック・ドクトリン　カナダのジャーナリストであるナオミ・クラインが2007年に出版した書籍。クラインは同書で徹底した市場原理主義を主張したシカゴ学派経済学のミルトン・フリードマンを批判。同派の主張を「ショック・ドクトリン」と呼び、現代のもっとも危険な思想として糾弾している。

再生可能エネルギー特別措置法　自然から継続して得られるエネルギー（太陽光、地熱、風力など）から作った電気を、国が定めた価格で一定期間電力会社が買い取ることを義務づけた。

渡邉　怪我をしている人に追い打ちをかけるようなものでしょう。韓国のことわざに謂《い》う「溺れている犬は棒で叩け」ですな（笑）。

三橋　正しい国民経済主義を実践できなかったがゆえに、アメリカは株高にもかかわらず高失業率という矛盾した状況に陥っている。こうなるのは当たり前。だって、政府が仕事を創出しようとしていないのですから、失業者が減るわけがない。アメリカではリーマンショック以降、ＦＲＢがＱＥ１〜ＱＥ３で約３兆ドルのおカネを発行しました。日本円でいうと３００兆円です。それが全部仕事の創出に回っていたら、雇用問題などはとっくに解決している。ところが、そうはならなかった。これは日本の問題とも共通するけれど、中央銀行が発行するおカネは銀行のストックの世界に行くのか、フロー（所得）を増やす実体経済に行くのかわからない。日本の場合――これはアベノミクスの正しい点ですが――一応、財政政策をやっている。中央銀行が発行したおカネを借り入れてむりやり仕事を作るというのを実行しているわけです。まったく不十分ですけど。しかし、アメリカはそれすらしていないので、これで失業率が下がるわけがない。

　その一方、ウォール街で働いている人たちの所得は増えている。所得の合計がＧＤＰですから、ＧＤＰは上がっているのです。しかしそれはすぐにわかる通り、単に格差がさら

深刻化するアメリカの失業問題

アメリカの失業率の推移

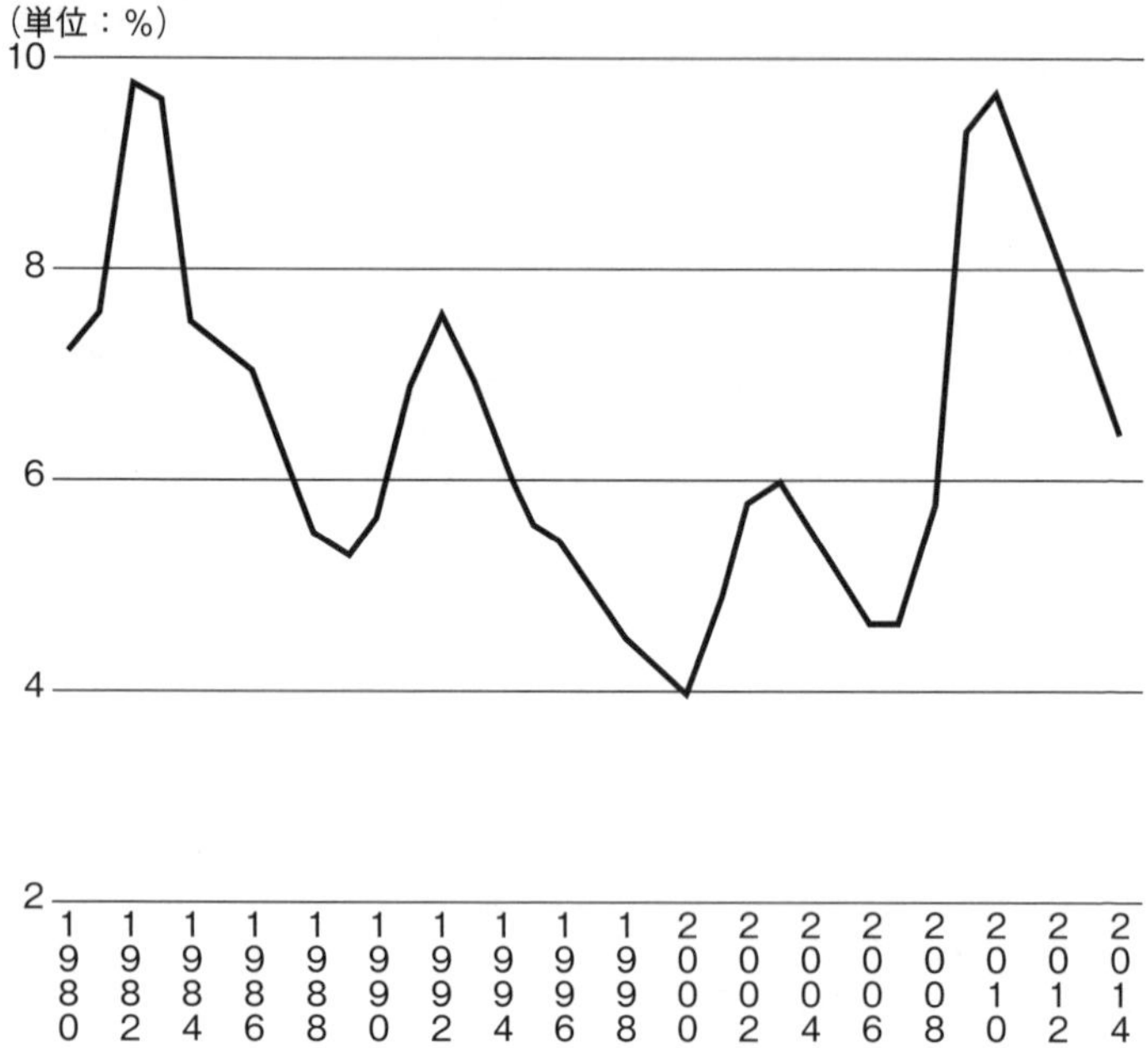

出典：IMF

現在、アメリカの失業人口は約1100万人。ただ、これは正式に失業状態と認められた層の数であり、その背後には膨大な失業予備軍が控える。一説には9000万人以上が職を持たず、労働力としてカウントすることができない状態とさえ言われている。正式な失業者と合わせると、労働世代の人々のうち、実に1億人以上が職に就いていない計算になる。

この事態をどう捉えるべきか。中央銀行の量的緩和が奏功し、現在、同国の株式市場は活気づいている。しかし、確かに量的緩和は同国経済に刺激を与えたものの、それは仕事の創出にまったく成功していないのだ。第二次大戦後の同国では、不況の後には必ず雇用の改善がなされてきた。リーマンショックからの“恢復期”にあるにもかかわらず、雇用が改善されるどころか悪化している状況は、同国の歴史の中ではじめてのケース。同国の政府にも中央銀行にも、もはや仕事を作る能力がなくなってしまった――市場関係者の間では、そんな声さえ上がり始めている。

に拡大することにすぎない。もしアメリカが本当に失業率を下げたいのだったら、建設業と製造業を再興させなければならないのに、それが全然できていない。結局、ＦＲＢが発行したカネがウォール街＝ニューヨーク証券取引所に流れ込むので株価は上がります。ところが、株価が上がったからといって失業率が改善するとは限らないという、まあ典型的な例です。

なぜ、実体経済にシフトできないのか

三橋　ここで考えなければならないのは、なぜ建設業や製造業の再興――言い換えると実体経済の方向へシフトしていけないのかということ。要は簡単なことです。金融緩和によって**ジャブジャブあふれたドルを使って儲けたい人たちがいる**からです。それがすなわちウォール街の人々なのです。

しかしいくらカネがウォール街に流れても、それで雇用が生まれるわけではない。ウォール街にも実体経済はあるにはあるのです。手数料や金融サービスによって得る所得というのはある。しかし、それが大量の雇用を生むわけではない。

その一方、金融の世界というのはすごくて、10億ドルの所得を稼ぐトレーダーたちがごろごろいる。もし、その10億が建築や製造に回ったら軽く１０００人ぐらいの雇用が生まれるはずです。でも、決してそうはならない。

渡邉　もう1つ大きいのは、アメリカには産業を維持するための元になる仕組みが、すでになくなってしまっているという現実。製造業が技術を失ってしまったのです。まだ自動車産業などは残っていますが、アメリカ国内では最終組み立てをするぐらい。つまり、雇用の受け皿がないのです。

三橋　すでにアメリカって、国内の技術だけだと鉄も作れないですよね。

渡邉　ですから、日本からの技術導入を求めるわけです。それは単に技術を導入するだけではなくて、アメリカ国内に工場を作って、そこで雇用を創出してくれということでもある。

三橋　そう考えると、アメリカが一番手っ取り早く再興する手段は、もう一度バブルを起こすことしかありません。ＩＴバブル、不動産バブル、住宅バブル――いったい何度痛い目を見れば気が済むのか知りませんけど。

渡邉　アメリカの歴史というのは、バブル崩壊を新たなバブルでごまかしてきた歴史ですからね。ＩＴバブルの崩壊を住宅バブルでごまかし、その住宅バブルがはじけて――本当に懲りない国ですね。

三橋　軍事産業というのはどうなのですか？

渡邉　軍事産業も民間の軍事会社中心で、取りあえず雇用は生むけれど、海外派兵がベースになるので国内のインフラストラクチャーが豊かになるわけでは決してない。こういった状況が本当にライセンスビジネスと言えるのか。結局、虚業ビジネスで発展してきた国家がアメリカ。モノ作りで発展した古き良きアメリカを懐かしむ声もありますけど、そのモノづくりの技術を失ってしまった。

三橋　なぜ、それが失われたかというと、まさにグローバリズムなのです。要は利益拡大至上主義で、世界で最も安いところで生産して、高く値段のつくところで売る。そのために中国や南米、東南アジアなどに生産拠点を移してしまった。確かに消費者は安くモノを買えるようになりましたが、その代りモノ作りの技術が失われてしまった。それがつまり、ウォルマートモデルですね。

渡邉　そうです。もう自国ではモノを作るのが無理なので、先ほど言ったように日本企業に進出を要求する。日本の鉄道製造産業に対してアメリカ国内でモノ作りをしてくれという要求を出しているなどは典型です。オバマというのは、この状況を改善しようとしていたのです。グリーンニューディールでは当初、30基近い原発を建設する予定でした。なぜかというと、電力が不足していると製造業の拡充ができないからです。製造業って結構、電気を食うわけです。日本の場合でも、国内産業回帰の最大の障害が電力不足なのです。

三橋　わかります。アメリカの電力供給を不安定にして、製造業が操業しにくい状況にしてしまった要因は電力自由化です。ですから、いろいろな面で間違っていたのですね。日本は、それを3周遅れぐらいで追いかけようとしているから、私はその動きに全力で抵抗しているわけです。

渡邉　その電力自由化を主導したのも、いわゆるシカゴ学派を中心とした新古典派です。三橋さんの表現だとグローバリストたち。彼らはすでにアメリカの学閥においては自己批判をはじめていますけど、日本のグローバリストたちは本家アメリカの自己批判に耳をふさいでいます。それも大きな問題だと思います。

アメリカは社会主義的になっていく？

渡邉　そこでアメリカの今後について考えるうえで、いくつかの前提がある。彼の国は三橋さんがおっしゃるように移民国家・多民族国家であり、これまでその支配階級はＷＡＳＰ（White Anglo-Saxon Protestant）でした。しかし数の上では、ＷＡＳＰはその他のカラード（colored＝有色人種）に押されて、過半数を占めることができなくなった。それが前提の1つ。

もう1つは、そもそも金融の世界はアシュケナジー（Ashkenazi）と呼ばれる白人系ユダヤ人が支配してきた。ところがこの金融の世界がサブプライム問題で大きく傷つくと同時に、国民の敵になったわけです。

三橋　完全に、そうなりました。

渡邉　その結果、政治家は金融業界叩きをすると票になると知ってしまった。金融規制とかを掲げると国民の喝采を受けられるわけです。ＷＡＳＰが少数派になったことと、これまでカネを稼ぐ最大の原動力として求心力を持っていた金融が国民に叩かれるようになったこと――この2つを考え合わせると、アメリカは今後、社会主義的な方向を歩まざるを得なくなると思います。

三橋　そこは非常に難しい。社会主義的な政策というのは、国民が互いに〝分け合う〟〝負担し合う〟ことが前提ですね。ところがアメリカでは、たとえばヒスパニック（南米系）の人たちが何千万人も生活している。彼らはスペイン語を話し、国家内国家のようなものを形成している。そして、片一方に〝分け合う〟思想とは真逆の志向を持ったティーパーティーの連中のような存在もある。そうした状況をかんがみると、国民全体で分け合いましょう、負担し合いましょうという政策は成り立たないのではないだろうか。

ティーパーティー　アメリカにおける保守派のポピュリスト運動。オバマ政権の自動車産業や金融機関救済への反対、景気刺激策やオバマケアなどによる大きな政府路線に対する抗議を中心とする。

渡邉　そこは、アメリカという国をどう捉えるか次第だと思います。要するに、あの国は中東と同じで、根っこの部分では資源国家なのです。ですから日本みたいに資源がないゆえに国民みんなで働きましょうというのが前提になっている国とは違い、国民に分配しようと思えば可能なわけです。

三橋　そうか。ロシアの場合でもプーチン政権がなぜ成立するかというと、石油もガスもある資源国家だからですものね。

渡邉　そうです。その前提があるから、アメリカは社会主義的な方向に行こうと思えば行ける。

三橋　そこで国家をまとめることができるかどうかが、政治的な課題になるわけですね。オバマ政権に果たしてそれができるか。難しい。まあ先行き不透明ということにしておきましょうか（笑）。

ユーロはひとりでに解体する

三橋　ユーロに関してはさほど言うことがありません。先にも述べたように、これからの世界では国民主権国家が勝ち残っていくと思います。したがって、ユーロは解体して各々の国が国民国家に戻るべきです。また、そうなります。

渡邉　ユーロでまず注目すべきはイギリスの動向です。キャメロン首相が２０１５年の選挙で再選すれば、17年末までにＥＵ離脱を問う国民投票を実施する方針を示しています。国民投票はおそらく同年には実施の運びとなると思います。しかし、そこでイギリスがＥＵを離脱することになったとしても、今の自由渡航体制は維持するのではないかと言われている。ＥＵを離脱したからといって自由渡航体制が取り消され、各国に渡るのにビザが必要な状況には絶対に戻らないだろう、と言われています。もし、そういう実例が出てくると、他の国でもユーロを離脱したほうが有利なのではないかという議論が高まっていく可能性があります。

もう1つは、欧州連合体制というのは先ほど言ったようにロシアにエネルギーを70パーセント以上依存している。１００パーセント依存という国もある。そういう国はロシアには逆らえない状況になっている。

三橋　完全に、そうなっていますね。

渡邉　そういう国益の対立というのがどんどん深まっていく。また、いわゆる財政削減を求められているイタリアやスペインのようなピッグス（ＰＩＩＧＳ）の国は、ユーロ体制に対する国民の不満が非常に強くなってきている。中にはカタルーニャの「カタルーニャ独立運動」のように、民族独立の動きが急進的になっている国もあります。

ですから、One Worldを作ろうとしていたユーロは、自ずから解体する方向に進むのではないでしょうか。その解体の形がどうなるのかが問題。欧州連合自身——というよりも欧州各国が解体を劇的に進めると大きな問題が出ることがわかっているわけです。

ヨーロッパの民族独立の動き

ヨーロッパの独立紛争地域

ヨーロッパの歴史を見ると、まず西ヨーロッパはローマ帝国が崩壊して以降、無数に近い小国家群に分裂し、その状態が長く続いた。それらが国民国家単位でまとまったのはようやく近代に入ってからであるが、国民国家や既存民族のスキームに収まりきらない人々が盛んに分離独立運動を繰り返してきた。

そうした歴史もあり、現在も分離独立運動の機運は高い。典型的なのはイタリアである。北部のパダーニャ地域が主張するパダーニャ連邦や、ヴェネツィアが主張するヴェネツィア共和国などが虎視眈々とイタリアからの分離独立を狙っている。そのほかにもシチリアの「シチリア同盟」や南イタリアの「自治の為の運動」など、自治権を主張する地域政党も数多い。

総じて現在のヨーロッパの民族独立の動きでは、分離独立を自治権の拡大によって収めようとするケースが多いといえよう。

ドイツなきユーロが理想？

渡邉　今のユーロという通貨同盟を維持しながらうまい離婚調停というか、発展的な離婚への道に進むためにはどうすればいいのか。一番の答えは**ユーロからドイツが離脱すること**です。

三橋　ドイツの離脱！（笑）。それはもっとも劇的なシナリオではないですか？

渡邉　いや、これは本当にそうなのですよ。ドイツなきユーロというのは通貨がおそらく3分の1ぐらいの水準に落ちるので、他の国々の競争力が高まる。結果的にユーロを維持する可能性がでてくる。さらにドイツはドイツでユーロ圏の中で安全資産としての価値が高まる。

三橋　まあ、間違いなく通貨高にはなるでしょうし、製造業は下降線をたどると思いますけど。

渡邉　ただ移民問題なども解決できる。豊かで雇用のあるドイツに集中していたヒトの流れがそれぞれの国に戻っていくでしょうから。

三橋　なるほど、ドイツなきユーロ……それはアリかもしれませんね。ユーロとは何かと言えば、まず国の間で関税がない。ヒトの移動もシェンゲン協定に基づき自由である。サービスの制度も統一されている。まさにヒト・モノ・カネという経済の3要素プラス通貨も統合している。これ、要するに日本列島と同じ状況がユーロ全体で実現されているわけです。その中で競争し合いましょう、それが成長への道ですという新古典派的な発想で成り立っている。ただし、それをやってしまうと必ず勝ち組と負け組が出る。で、勝ち組は経常収支黒字となり、財政も黒字化できるけど、負け組は経常収支赤字になるからどうしたって政府が外国からカネを借りなければならなくなる。それが、今のユーロ危機につながっているわけです。

ですから、ユーロを維持するとしたら1つしか方法がなくて、勝ち組から負け組にユーロ交付金を出す。日本でいう地方交付税です。それをやるにはドイツから税金を徴収するしかない。それでギリシャなどの負け組に分配する、ということです。しかし、そんな政策はドイツ国民が認めるわけがない。

シェンゲン協定　ヨーロッパの国家間で、国境検査なしで国境を越えることを許可する協定。同協定によって国境検査が撤廃された区域は現在、25の国に広がり、その人口は4億人超といわれている。

渡邉　ドイツ人は嫌がるでしょうね。

三橋　というわけで、複数の国家が日本列島的なシステムを作り上げたことが、そもそもの間違い。渡邉さんのお話を聞いて、うなずけるところがあります。私も賛成だな、ユーロからドイツが離脱する、と。それが一番、ダメージが少ないような気がしてきた。

渡邉　要するに日本の地方主権問題と一緒なわけですよ。もし、今の状態で地方主権を実現させたら何が起こるか。東京以外は税収が半分ぐらいに落ちると、覚悟しておいたほうがいい。

三橋　東京が圧倒的な勝ち組になりますよね。

渡邉　そんなことをしたら、**大阪でさえ財政が立ち行かなくなって、市民の間で飢え死にが出ます。**

三橋　そうなると、東京へどんどん人が流入してくることになる。しかし新古典派的な発想だと、道州制なり地方主権というのはどこの地域も同じ条件で戦うのだから、負けたところは自己責任だという話になってしまいます。国家とは、そういうものではないでしょう。日本が道州制を導入して、各道州が独立採算制になったら、まさに今ユーロで起きている状況が再現されてしまう。結果は目に見えているわけです。

道州制の問題点

13道州制案の区分

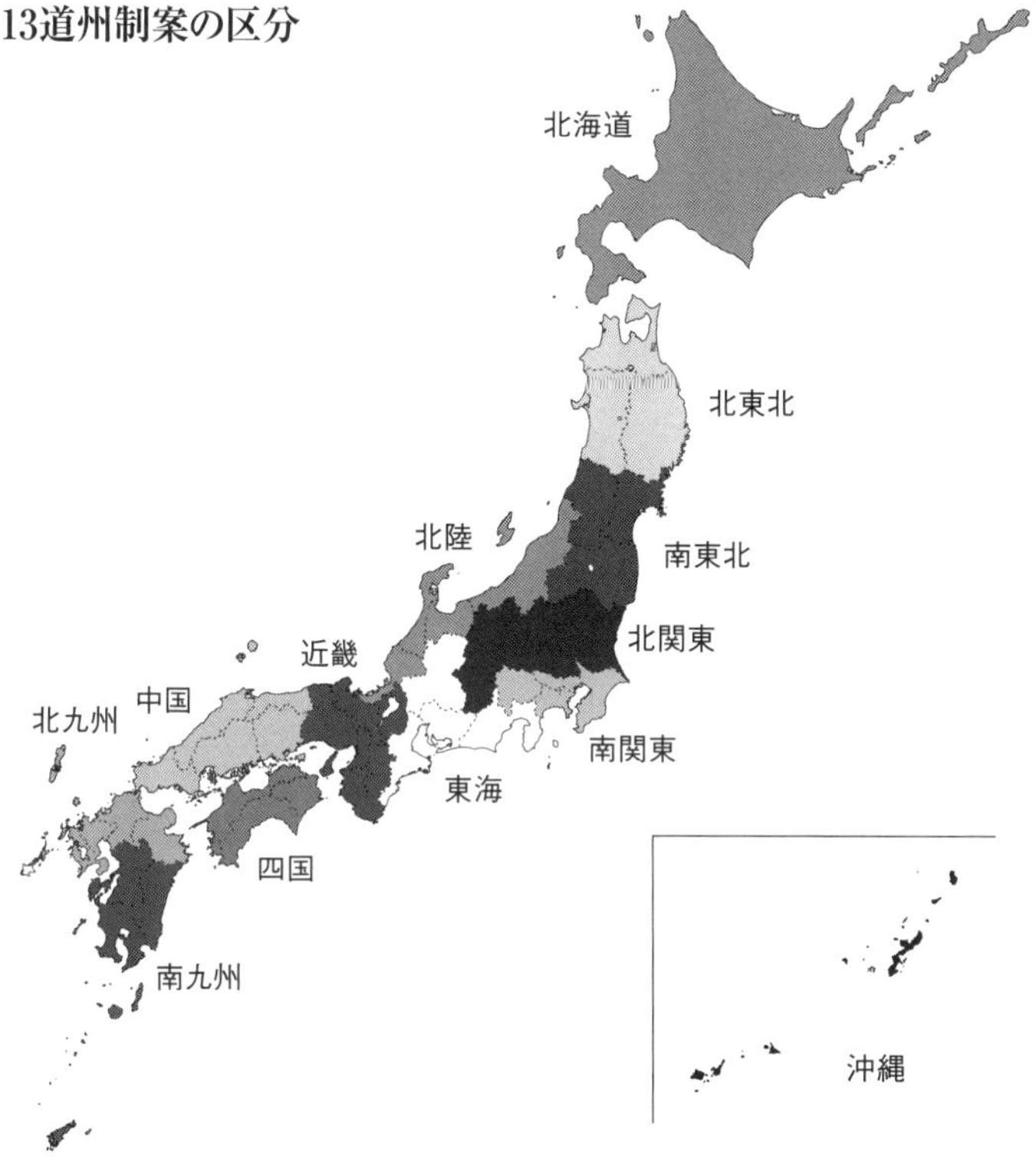

道州制とは、都府県を統合した道や州と呼ばれる地域を全国に10〜13前後設置し、現在の市町村も合併して大きな市にする制度。これが実現すると国から多くの権限が道州へ移譲されるため、現行の都道府県制度は廃止され、実質的に中央集権的な国家運営も成り立たなくなる。現在の議論では、道州に立法権を与える連邦制の構想から、そこまで至らないレベルまでさまざまな案が出されている。与党自民党は2015年から2017年を目途に導入を目指すとしている。

この道州制には、地方自治の実現というメリットがある一方、さまざまな問題点も指摘されている。とくに強く懸念されるのが、財政の強い地域と弱い地域の格差が広がってしまいかねない点。実際、財政が弱い自治体同士が合併しても、それで強くなれる保証はない。強い地域はさらに強くなり、弱い地域はさらに弱くなる——結果、地域間格差を広げてしまうだけだという否定論者の見解には説得力があるといえよう。

渡邉　そう考えると、ユーロは他山の石ですね。日本もユーロも、やはり国民国家を考え直さなければならないということでしょうか。結論的には。

ブロック経済化する世界の中で②——

中韓の行方

第三章

中国の支配層はグローバリストである

渡邉　先ほど「中国はグローバリストの理想郷」という話が出ました。実際、中国の支配層というのは皆、客家《はっか》と呼ばれる人々なのです。客家とはもともと**「中国のユダヤ人」**と言われる種族で、国や国境という概念を持たない人々です。いわば、根っからのグローバリスト。そういう人たちが国を統治しているわけです。ですから、中国の支配層というのは家族を海外に移住させ、海外で蓄財を図る。前首相である温家宝《おんかほう》の２４００億円に上るといわれるアメリカでの不正蓄財がその代表例です。現国家主席の習近平にしても姉夫婦はカナダ国籍だし、アメリカに３７０億円ぐらい蓄財していると言われている。こういう人たちがナショナリストであるわけがない。

温家宝の不正蓄財　アメリカの有力紙であるニューヨークタイムズが、庶民への思いやりが深いことで知られる中国の温家宝前首相の不正蓄財を暴き、一大スキャンダルとなった。同紙によると、温家宝とその一部親族は、不正な方法によりアメリカに27億ドル相当の資産を蓄えたとされる。

三橋　一言で言うと、帝国主義というのはグローバリズムなのです。かつて自由貿易を掲げてイギリスが進めた政策を見ればわかる。帝国主義＝グローバリズムが世界に何を帰結させるかというと、まず後進国の植民地化です。植民地ビジネスで所得を稼ぐプロセスを独占的に支配し、「自由貿易です」と言って、そこに参入してくる諸国の儲けから搾取する。今の中国共産党が中国国内でやっていることと同じです。

渡邉　客家というのは厳密には漢民族ではなくて、中国人の中でも本当に独自の価値観を持つ人々です。鄧小平《とうしょうへい》もそうですし、孫文などもそう。要は彼らは、国籍とかナショナリティなどというものは持っていない。現代中国を考えるときは、その点を考慮しなければなりません。今、日本人が考えている中国と実際の中国というのは大きく違うのです。

三橋　そこは大きなポイントですね。ですから尖閣問題がさらに拡大したとしても、中国は日本とは戦争しないと思う。中国人って血縁・地縁を大切にすることが生きる前提になっていて、「国家のために」などと考えている人は実は一人もいないのではないでしょうか。「国を挙げて日本と戦う」などと言っても、そもそも選挙権も持っていない人たちが国家のために戦うかといったら、私は戦わないと思います。

今の中国が何に似ているかというと、第一次世界大戦前の欧州諸国に似ている。当時、欧州にはまだ民主主義がなく、国民は選挙権を持っていなかった。それが戦争のために国民を総動員しなければならないということで、彼らに主権（選挙権）を渡したわけですよ。そうしないと戦ってくれない。今の中国はそうなる前の欧州と同じ状況にある。いや、下手をすればフランス革命前の欧州かもしれない。そんな状況ですから、他国と戦争しようとすると、もう国内で傭兵を雇うしかない。それに中国人民解放軍って、今や一つの企業体みたいなものでしょう？　一企業が国家のために戦うわけはありませんよね。

渡邉　人民解放軍が企業であるというのは、少し飛躍しすぎです。あれはつまるところ各地の地方政府のためにある軍隊なのです。大きくわけて7つの軍閥があって、それぞれが陸海空の兵隊を持っている。それらが対立構造にあるので、単一の指揮権など取れるわけがない。関係者の利害が一致すれば軍事行動を起こす可能性もあるけど、そうでない限り戦争なんかしません。ただ1つ例外があって、それは共通の敵が現われたときです。そのときはスクラムを組んでくる可能性がある。ですから、今の中国の反日というのは、中国国内――とくに軍閥を1つにまとめるため、国内のアイデンティティ確立のために利用されている部分がある。そこのところだけは注意しなければならないと思う。

中国の軍閥　中国には国軍はない。いわゆる人民解放軍とは、中国共産党中央軍事委員会の指揮下にある党の私兵組織である。中国国内は瀋陽軍区、北京軍区、蘭州軍区、済南軍区、南京軍区、広州軍区、成都軍区という7つの大軍区に分割されており、そのトップはすべて党中央委員が占める。

武器を使わない戦争

三橋　なるほど、わかります。日中戦争の可能性は限りなくゼロに近いものの、決してゼロではないということですね。ただ中国というのは実際の戦争をするかどうかは別として、武器を使わない戦争というのをやたらと仕掛けてくる。それは情報戦であり、宣伝戦であり、法律戦です。そういう侵略の仕方もあるのだと日本国民が理解したら、結構、対処の仕方はあるように思う。

国防に絡んで話は少し脱線しますが、日本には東南アジアのシーレーンをどう守るかという問題があるでしょう。最近、日本の中東依存度がまた上がっていて、9割近くに達しています。日本のタンカーというのはほとんどがマラッカ海峡を通行しています。南シナ海、東シナ海を通るわけですね。この地域をたとえば中国に取られたら、**日本の経済活動はおそらく半分以上止まります**。ですから、東南アジア諸国と協力してシーレーンを守りますというのは大義名分が立つし、ＡＳＥＡＮも喜ぶと思うのです。ただ中国はもちろん、アメリカも日本がそれをやるのを嫌がるでしょう。どう思います？

渡邉　アメリカ政府の日本に対する態度というのは、セクションによって大きく違う。国務省・国防省・財務省の間で、それぞれ日本に対する温度差があるのです。まず国務省では親中派・知中派が主流で、**対中ビジネスの利権を握っている人たちが多い**。ヘンリー・アルフレッド・キッシンジャーなどはその代表です。一方、国防省というのは昔からの経緯があるので、中国を常に仮想敵国として捉えている。ですから、安倍首相の靖国参拝問題に関してアメリカの反応が左右に大きくブレました。これには国防省ラインはＯＫを出したのに、後で国務省ラインがゴネてきたという裏事情がある。このように**ラインによって対日政策が変わってくる**わけです。

背景には、オバマの統治能力のなさもあります。国務省・国防省・財務省のそれぞれを抑えきれていない。それで国務省は国務省のポジションで発言してしまうし、国防省は国防省のポジションで発言してしまう。これに対して今回、日本政府は揺れませんでしたけど、日本の報道を見るとすごく揺れたように映ってしまったということでしょう。

三橋　そうすると、アメリカの国防省はキャロライン・ケネディ駐日大使の「Disappointed」（失望した）発言などに対しても「あれ？」という感じだったのでしょうか？

渡邉　そうだと思います。今アメリカの国防省が何をしているかというと、昨年8月のフィリピン大水害を理由に在フィリピン米軍を戻そうとしていて、すでに基地周辺の土地を買収済みなのです。その土地にフィリピン基地を戻す予定なのですが、これに関しては日本の自衛隊と共同運営することになっています。共同運営といっても米軍と自衛隊がともに軍事行動をするのではなく、フィリピンの災害支援活動を協力して行うというものです。**これを一番嫌がっていたのが中国です**。要するに、アメリカの総合的な軍事戦略の中でフィリピンの位置づけが大きく上がってきている。背景には、軍事縮小の中でアメリカはグアムにまで前線を下げようとしたけれど、それが現実的に上手くいっていないという事情がある。日本側としても普天間基地の移設問題がグダグダになっていますね。そうした中、フィリピンのプレゼンスが上がってきたということです。

もう1つ言えば、韓国の問題もあります。今、在韓米軍は3万人ぐらいいるのですけど、韓国も反米的な政策を取ってきていて、中国と軍事条約、安全保障条約を結ぶのではないかという観測もある。２０１５年の統制権返還を視野に入れると、もし中韓の軍条約締結が実現した場合、中長期的には在韓米軍撤退もあり得るわけです。その場合、どこに米軍基地を置くかというと、やはりフィリピンしかない。地政学的にも正しい選択です。

少し話題がそれましたが、まあ、そういう安全保障上の問題がいろいろ絡んで、アメリカの国防省というのは安倍首相の靖国問題などで「Disappointed」どころではないわけです。少し強引なまとめですが（笑）。

韓国の統制権返還　米韓両国は、2015年12月に予定されている戦時作戦統制権の移管を再び延期するか否かをめぐって現在、協議を行っている。戦時作戦統制権は、盧武鉉《ノムヒョン》政権当時、2012年4月17日に移管することが決まったが、李明博《イミョンバク》政権下で15年12月1日に延期されていた。

改革の北京と懐古主義の上海

渡邉　先ほどアメリカという国の成り立ちについて話しましたけど、中国という国も構造はアメリカと同じです。たとえば中国の産業は国営企業中心といわれますけど、あれはすべて共産党の幹部とその子弟が経営していて、**要するに民間企業**なのですよ。

三橋　この間の全人代（全国人民代表大会、日本の国会に相当）で構造改革を進めて環境問題を解決するというテーゼが打ち出されましたよね。あれは完全に逆ですよ。構造改革ではなく、むしろ政府が統制を強めないと環境問題など解決しない。なぜかと言うと、今の中国というのは共産党幹部や資本家など、民間の一部が好き放題やっているがゆえに環境問題が深刻化しているわけです。それを、改革をさらに進めるなどと言い出してしまうのですから、**「完全に罠にはまっているな」**と思います。このままだと中国の環境問題、絶対に解決しません。

渡邉　いや、環境問題が解決しないがゆえに、中国は少子高齢化問題を乗り越えられるのですよ。

三橋　なるほど、お年寄りが死ぬから（笑）。

渡邉　だって中国都市部の交通警官の平均寿命が43歳ですよ。政府は年金を払わずに済む（笑）。しかも環境問題が悪化すればするほど、少子高齢化問題をクリアする条件が整う。人口爆発も乗り越えられる。

三橋　いや、中国国内はそれでいいのかもしれないけど、ＰＭ２・５などは残念ながら偏西風に乗って日本に飛んできてしまいますから（笑）。真面目に話すと、中国が環境問題を本気で解決したいのであれば、**毛沢東時代に戻るべき**です。私有財産など認めるな、それが諸悪の根源だという方針です。確かにその通りで、企業などもかなり危うくなってきている。最近、上海超日太陽能科技というソーラー会社がデフォルト（債務不履行）しましたけど、そういった事例がこれから頻発すると思います。新自由主義的な路線をこのま

中国の少子高齢化の行方

65歳以上人口と80歳以上人口の総人口比、年齢中央値、および平均寿命

	65歳以上人口の総人口比 2010年（2050年）	80歳以上人口の総人口比 2010年（2050年）	年齢中央値	平均寿命
中国	8.2 (25.4)	1.4 (7.5)	34.4	72.7
フランス	16.8 (25.3)	5.4 (10.2)	39.9	81.0
ドイツ	20.4 (33.7)	5.1 (14.7)	44.3	79.8
インド	4.9 (11.3)	0.7 (2.2)	25.1	64.2
日本	22.7 (38.7)	6.3 (15.9)	44.7	82.7
ロシア	12.8 (25.6)	2.9 (6.6)	37.9	67.7
英国	16.6 (24.4)	4.6 (9.3)	39.8	79.6
米国	13.1 (21.3)	3.8 (7.9)	36.9	78.0

出典：国連世界人口予想2010年改訂版

周知のとおり、中国は「一人っ子政策」と呼ばれる人口抑制策を実施している。同国が人口爆発を背景に人口抑制に乗り出したのは1971年。第四次五か年計画の中ではじめて人口目標が設定された。これが奏功し、同国の出生率は10年未満で半分に下がったという。そして、毛沢東の後継者の鄧小平が1979年に一人っ子政策を制度化。この強制的な人口抑制プログラムにより出生率は2.9から人口維持に必要な代替率の2.1を大きく下回る1.5まで下がった。

しかし、強引な人口抑制策は後に深刻な少子高齢化を招来することになる。2009年には60歳以上の高齢者が1億6000万人を超え、この年代層の全人口に占める割合が対前年比0.5%増の12.5%となって、史上最大の年間増となった。この年代集団は、さらに2030年までに倍以上になるとみられている。

高齢化が進めば、必然的に労働人口は減少する。中国の労働人口はすでにピークアウトしている。労働人口の全人口に占める割合は2010年の72%がピークで、現在はすでに下降しはじめている。そして、それは今後、再度上昇することはないだろう。この労働者層の縮小が中国の経済成長にとって最大のボトルネックであることは衆目の一致するところだ。

ま突っ走り続けると、最後にはどうなるのか……。

渡邉　1つには、李克強《りこっきょう》首相を中心とした北京と習近平《しゅうきんぺい》主席を中心とした上海の綱引きというのがある。両者は大きく政治思想が違います。北京というのは改革開放路線の継承を唱えていて、自由な中国を拡大していく志向を持っています。金融を自由化し、人民元の取引を拡大して、すべてをグローバルスタンダードに合わせていく方向です。胡錦濤《こきんとう》・温家宝の下に作られた経済政策をそのまま推進しようとしている。一方、習近平の上海というのはマオイスト（毛沢東主義）が中心で、懐古主義的な要素が強い。環境を破壊するような開発よりも、昔のように共産主義色を強めて統制経済にしたほうが国民は幸せになると考えている。

三橋　私は後者を支持しますけど、中国の政権というのは必ずその両勢力が混在する形になります。

渡邉　そうです。そのために結局、政策がまとまらず、どちらの方向性も中途半端になってしまうわけです。

実は民間が強い国

渡邉　習近平が国家主席になって、中国の政権にマオイストたちが大量に生まれたのですけど、面白いことに彼らはメディアの再教育をしようとしているのです。毛沢東の思想、共産主義思想を学び直した者だけを記者として認める。そういうジャーナリスト資格制度を設けると言い出した。その中で滑稽《こっけい》なのは、中国にマルクス経済学を語れる人というのはいないのです。彼の国ではマルクスの遺産がほとんど残っていない。逆に日本の大学にはいまだにマルクス経済学が残っているでしょう？　前世紀の遺物のようなマル経教授がのさばっている。だから日本に留学してくる中国人学生たちが、わが国でマル経を学ぶと皆、**赤かぶれして帰っていくらしい**（笑）。面白いでしょう？　こういう思想の輸出はどんどんすべきです。

三橋　だって中国って全然、共産主義の国ではありませんからね。たとえばシャドーバンキングの問題もそう。あれは要するにＰＦＩ（Private Finance Initiative）、すなわち公の仕事を民に移管しすぎてしまうのが問題なのです。地方政府が公共事業や不動産プロジェクトを立ち上げるといったとき、中国はなぜか地方債を発行できない。それでどうするかというと、融資平台《ゆうしへいだい》という名の銀行ならざるシャドーバンキングを作って民間人からカネを集める。まさにPFIなのです。中国ってそういう新自由主義的な政策ばかりやっているわけです。結局、共産主義国ではまったくなくて、実は民間資本が強い国なのです。

渡邉　そうです。地方政府の地方債発行を禁じると同時に、その財源を中央が持って行ってしまったから、地方政府は自分たちでカネを集めざるを得なくなった。

三橋　道州制なのですよね、まさにやっていることは。

渡邉　中国では個人の土地所有が認められておらず、すべてが国有地です。だから、まず地方政府がその土地の使用権を銀行に売り、それでおカネを集めて不動産ディベロッパーとなって使用権付き不動産を民間に売却する。そして、その利ザヤを地方政府の財源に充てていったという構造です。不動産ディベロッパーだけではなく、太陽光エネルギーなどその他のインフラ関係のビジネスも、その構造の下に行われていた。地方政府が民間に保障を与えるような形にしてカネを集めていたわけです。

三橋　でも、インフラってそれほど儲からない。どうやって民間からカネを取るのかが疑問。最後には誰かがババをつかむという話なのでしょうけど。

渡邉　そう、**ババ抜き**ですね。個人が一時的に儲かればいいという発想で、最後のババを自分がつかまなければいいわけですから。

内需主導型への転換は不可能である。

三橋　現在の中国の最大の課題は、経済を内需主導型に転換することと言われています。というのは中国国内の人件費の高騰などの要因により、安いコストでモノを作り世界に売る、つまり「世界の工場」として機能するという、これまでのビジネスモデルが成り立たなくなってきているからです。したがって経済成長を続けたいならば、必然的に内需を高めるしかない。しかし、これは中国には不可能です。なぜか。先ほど申し上げたように、政権が構造改革をさらに推し進めようとしているからです。経済の内需主導型を実現するためには条件があります。国家が個人の権利を保障し、社会保障を安定させることです。それがあってはじめて、国民は安心して消費にカネを使うようになる。ところが構造改革というのは、むしろ社会保障費などは積極的に削ろうと進めているわけですから逆向きの政策なわけです。よって中国経済が内需主導型に転換することは不可能という結論になります。

ところで、なぜ政権が構造改革などを打ち出すのかというと、国民が不幸であったほうが**共産党の幹部にとって有利**だからです。端的に言って彼らは人民の所得は低く、できればデフレ経済であってほしいと思っている。そうすると安い人件費をエサに外国から資本を呼び込め、コスト競争力も維持できる。共産党幹部＝グローバリストが儲けるためには、国民消費など上がっても意味がないのです。

渡邉　経済学でよく使われる言葉に「**中進国の罠**」があります。新興国が中進国〜先進国になる過程で人件費が上がることによって、もともとあった国際競争力を失っていくという構図です。この中進国の罠にはまっているのが現在の中国。中進国の罠を解除するには労働者を安く買い叩き、人民からより多く搾取《さくしゅ》するしかない。それは、労働者の権限を拡大する方向で進めてきた過去10年ほどの政策の否定です。この矛盾を中国に投資してきた先進国企業はわかっている。だから彼らは中国に対する悲観が広がるのを避けるために、「中国経済は内需主導型に移行しますよ」と言い始めた。そんなもの、**たんなる幻想**です。

三橋　だいたい個人消費を押さえつけておいて、内需が拡大するはずがない（笑）。もちろん沿岸部の人たち——数にすれば数千万人でしょう——は経済発展によって中産階級になったかもしれない。でも残りの13億だか14億だかの人々は消費に回すカネなど持っていません。

渡邉　もともと中国共産党幹部とその親族7～8000万人が、13億とも14億とも言われる民から搾取するのが中国の基本構造です。上海などの都市部に行ってみればわかるのですが、都市パスポートを持つ一般的な労働者の平均賃金は3～4万円です。ところが地方からの出稼ぎ労働者――国内の移動さえ制限されている農民工と言われる人々の平均所得は7000～8000円です。こうした矛盾を日本の人権派と呼ばれる人たちが、なぜ騒ぎ立てないのかわからないけど。ともあれ、彼の国の基本構造というのは、搾取を前提とした極めていびつなものなのです。

一方、今の中国の最大の問題は高齢化で、一人っ子政策の影響もあり、都市部の人口がどんどん失われている。その代り、農民工やその2代目3代目の人口があふれてきています。この構造を中国は解くことができないし、もしそれが解けたときには彼の国は大混乱に陥るしかない。

中国では社会保障が成り立たない

三橋　人件費の高騰による中進国の罠もそうなのですけど、もう1つ大きな問題があって、それは社会保障です。養老保険というろくに役に立たない年金制度はありますけど、基本的に中国で社会保障を成り立たせることはできません。なぜかというと、**中国が国民国家ではない**からです。社会保障というのは、国民が互いに助け合うという健全なナショナリズムがないと成立しない。アメリカで日本式の国民皆保険が実現しない理由もそこにあります。たとえばアメリカには陸続と移民がやってきています。彼ら新参移民の社会保障について、助け合いの精神の下でまかなうということに、古くからいる国民が納得しないわけです。中国も構造的には同じで、何しろ自分の一族以外はすべて敵という人たちでしょう？　上海の人たちは北京の人たちの保険料を負担するのは嫌なはずだし、ましてやチベット人の保険料など負担するわけがない。したがって、社会保障がまともに成立する可能性はゼロ。そうなると個人消費中心の内需型成長も実現できないことになる。

渡邉　私はスウェーデンの社会保障体制を絶賛する人たちが大嫌いなのです。半分冗談で究極のスウェーデンモデルというのを考えました。それは医者の数をゼロにすると同時に病院をゼロにすれば、医療費無料も国民皆保険も簡単に実現できますというもの。中国の実態はそれに近いものがあって、何しろ貧乏人は医者にかかれない。金持ちだけが非常に高い医療サービスを受けられる。さらに救急車すら有料です。一応、無料の救急車もあるのですが、そんなものはいつまで待っても来やしない（笑）。それが中国の現状です。

スウェーデンの社会保障体制　スウェーデンの社会保障制度では、高水準の所得補償が大きな特徴となっている。年金、児童手当、傷病手当などの現金給付が国の事業として実施されている。また、保険・医療サービスでは日本の県に相当する広域自治体が供給主体となる。また、高齢者福祉・障害者福祉なども日本の市町村に相当する自治体が担う。民ではなく官主体の体制といえよう。

三橋　一応、医療保険もあるのですが、受診できる病院が限られてしまう。医療保険を使うとロクな治療も施せないような、ひどい病院にしかかかれないわけです。やはりスウェーデン型というか、究極のアメリカ型でしょう。スウェーデン型とは医師の給与も医療費も政府が負担するということですから、どうしても公務員が増えます。彼の国の場合、人口の30パーセントが公務員です。日本が5パーセントですから、スウェーデン型を絶賛する人たちというのは公務員を6倍に増やせと主張しているのでしょうか。

渡邉　スウェーデンの場合、所得の7割を税金で持って行かれますから、特殊技能を持っていて**どの国でも稼げる医者などは国を出て行ってしまう**わけです。その結果、彼の国には医者がいなくなってしまっている。

三橋　いなくなっちゃったんだ（笑）。それは困りものですね。

中国でトリクルダウンは起こらない

三橋　中国の改革開放というのは鄧小平の「先富論」からはじまっていて、これはトリクルダウン（富める者が富めば、貧しい者にも自然に富が浸透「トリクルダウン」するとする経済理論）の元祖のような思想ですね。しかし、中国がトリクルダウンを目指しているのであれば、なおさら内需拡大型への転換はできないでしょう。

渡邉　そもそも共産主義が成立していれば、それがそのままトリクルダウンなのですよ。公が介入して公的に分配するわけですから。

三橋　なるほど。新古典派的なトリクルダウンというのは、民間に任せておけば富が自然に富裕層から貧困層にしたたり落ちるという思想ですね。実際には落ちないけど。とくに中国人って外国におカネを持ち出してしまいますから、なおさらトリクルダウンにしようがない。

渡邉　共産主義というのがトリクルダウンの究極的な正しい姿。

三橋　公的なトリクルダウンということですね。結局、中国って先富論によって儲かった人もいますけど、それはせいぜい7000万人の共産党幹部ぐらいでしょう。圧倒的多数は貧困におかれているから、国民の不満がたまるのも無理はない。そこで毛沢東思想を復活させようということで薄熙来《はくきらい》事件が起こるわけです。

渡邉　文革時代に弾圧されたのは知識人や役人なので、当時の小作農たちには「昔はよかった」というようなノスタルジアを持っている層が結構いる。毛沢東を神格化している人たちですね。彼らの間では毛沢東主義がある種の宗教化していて、その層がだいたい3億～4億人いる。

三橋　習近平もマオイストですね。まあ、渡邉さんのいう「お坊ちゃんの赤かぶれ」というやつで、太子党のボンボンですからね。私は彼を見ていると、西園寺公望の孫で近衛内閣のブレインだった西園寺公一《きんかず》を連想します。彼も留学先のオックスフォード大学でマルクスの洗礼を受けて、一時、赤かぶれしていました。

渡邉　改革開放で格差が拡大し、豊かな人たちの生活を見せつけられる貧困層が増えたわけです。すると、この状況はよくないと思う赤かぶれのお坊ちゃんも出てくる。

三橋　まるで**太宰治**だ（笑）。津軽の富農の息子に生まれ、東京に出てきて東大に入り、社会矛盾に逢着して真っ赤に染まった。そういう現象ってどこの国でも起こるのですね。

渡邉　三橋さんの言う新古典派の人たちもある意味、赤かぶれの人たちに似ている。思考の前提がマルクス経済学における不平不満の合理化というか、みんなの党の渡辺喜美さんを見てもわかるように「妬《ねた》み、嫉《そね》み、拗《す》ねみ、喜美《よしみ》」なわけです。自分が満たされないことを社会のせいにするという傾向がどちらにもある。

三橋　一言で言うと**ルサンチマン**（怨念）です。おそらくバブル崩壊後の土建会社叩きとか、最近の電力会社叩きとか、あと公務員叩きも構図は同じだと思います。

残るは暴動のみか？

三橋　中国の行方を読むのは難しい。なにしろ民主主義のない国ですから、あとは暴動しかないのかもしれない。

渡邉　何しろ年間の暴動発生件数が3万件です。日本で暴動というと国会前の脱原発デモが過激化したぐらいに考えてしまうけど、彼の国の暴動は中に軍の人間も入っていますから、重火器を使う暴動なわけです。銃なんか当たり前。機関銃だって出てくる。暴動などという言葉では生易しいぐらいのものです。その暴動の果てに何が起こるか。果たして共産主義革命は起きるのかどうか。もしそれが起きたとしたら軍閥がくっついて大騒ぎするでしょうから、ひょっとすると三国時代への契機となった黄巾《こうきん》の乱（後漢末期の農民反乱）のようなものになるのかもしれない。

三橋　私は格差拡大による暴動よりも、環境問題のほうが中国の命取りになると思う。もはやあの国、普通に生きられない国になってしまっている。これに格差問題が加わるわけで、中国はもう完全に行き詰りでしょう。**私は習近平に肩入れします**（笑）。毛沢東主義でもなんでもいいから統制経済に戻すべきだと思う。しかし、そういう動きが出てくると当然、既得権益層は反発するから権力闘争が激しくなるでしょう。中国に関して読めるのはその辺までかな。

渡邉　今の中国の発展は沿岸部中心だから、内陸部に工場を移せという声があるでしょう？　沿岸部は水不足でもあるし。しかし今の体制のまま内陸部に工場を移転させても逆に内陸で生じた毒の水が外海に向かって流れますから、沿岸部が余計ひどいことになるという答えしか出ないと思うのです。

三橋 結局、中国というのは民間——共産党を含めた民間ですけど——主導で経済発展するというモデルを採用してはいけない国だったのでしょう。

渡邉 確かに。それに、こういうこともあります。三峡《さんきょう》ダムに代表される無謀な土地開発によって中国の地盤はどんどん腐っていますし、加えて劣悪な化学農業のせいで土壌の汚染も進んでいる。ということは、今後は中国産の農産物を食べると寿命がどんどん短くなっていくことが考えられる。加えて、あの汚染された大気と水でしょう？ この3点セットで、中国というのは気づかないうち人口減少を起こしていくのかもしれません。

財閥人に非ずば人に非ずの韓国

三橋 その中国の状況をもう少しぬるくしたのが韓国です（笑）。今の韓国というのは完全にデフレ化していて、消費者物価指数が対前年度比で0・7パーセントになってしまった。「あ、これはゼロを切るな」と思っていたら、あろうことか彼らは物価指数の定義を変えてしまいまして（笑）、少し上に戻ったのです。それでも、また1パーセントになってしまったのですけど（笑）。本当にね、韓国は中国と違って、もはやお笑いの世界でしょう。ですから、私はコリアパッシングすべきと言っているのです。無視でいいと。今度、韓国の話を本に書くなら『無韓論』にしようかと思っています。

渡邉　無韓論ですね。私も、それでいいと思います。韓国の最大の問題というのは、やはり**中間層がない**ことです。10大財閥がGDPの74パーセントを稼ぐという状態で、しかも企業に勤めている人の定年が45歳〜50歳でしょう？　そんな国が発展するわけがない。

三橋　しかもその財閥というのがひどくて、日本の財閥と同じに考えてはいけない。たとえばある財閥の親族が儲けたいと思ったときは、流通会社を子会社として作り、その財閥の取引は全部その流通会社を経由させる。ものすごい利ザヤを取ります。すると、その流通子会社は急成長します。そこから配当金を自分たちの元に還元させていくわけです。**アコギもここまでくると、いっそ清々しい**（笑）。このように財閥のオーナーや家族が所得を稼ぐためなら、もう何でもありでいろいろなモデルを作るわけです。とんでもない話です。

渡邉　李氏朝鮮時代の支配層両班《リャンバン》社会と似たようなものですね。

韓国の財閥支配

大韓民国の経済

2011年の財閥10社の売上高は946兆1000億ウォン（約66兆円）で、
韓国の国内総生産の76.5%に及び、その比率は

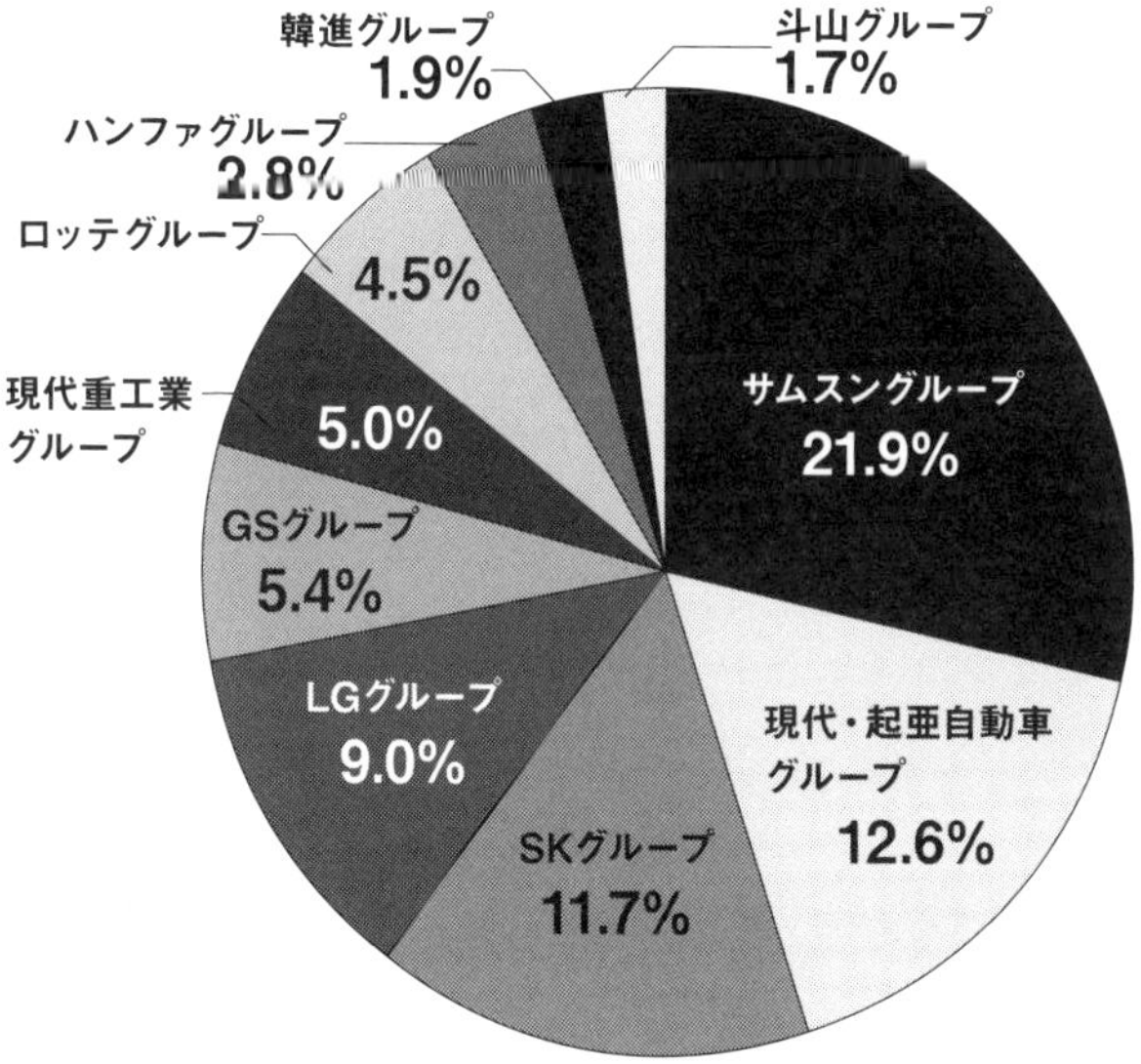

韓国の経済は、そのほとんどが財閥系企業で占められている。この財閥支配に対しては国民の大多数が強い怒りを感じており、2012年の大統領選でも「脱・財閥」は大きな焦点となった。しかし、歴代政権と同様に朴槿恵現政権は財閥の顔色をうかがいながらの政権運営を続けており、その支配構造はまったく変わっていない。

韓国の代表的な財閥には、三星財閥、LGグループ、SKグループ、分割された現代財閥、解体された大宇財閥などがある。財閥上位10社の売り上げは946兆1000億ウォン（2011年度）に上り、これは韓国の国内総生産の76.5%を占めるものだ。中でも突出しているのがサムスングループ（三星財閥）で、韓国のGDPの18%、輸出の21%を占めている。「サムスンに非ずば人に非ず」と言われるゆえんだが、実際、財閥系企業に勤める労働者とその他の労働者の賃金格差は著しく、韓国における大きな構造問題となっている。

三橋　本当にそうです。それで、韓国の国民は怒っていて、先の大統領選のときに経済民主化が叫ばれたわけです。一応、朴槿恵《ぼくきんけい》も経済民主化を掲げてはいます。しかし、財閥の力が強すぎてどうしようもない。だから国民の不満をそらすために反日をやっているのではないですか？　朴槿恵っていう人は。

渡邉　財閥の強さをさらに例示するなら、たとえば保険でいうと三星《サムスン》生命のシェアが40パーセント以上。同生命で集めたおカネは三星に低利で融資される。それが三星の無借金経営の理由の1つと言われています。三星生命からおカネを無尽蔵に吸い上げ、それを三星の運営資金に回すわけです。ですから、三星が危機的状況になると、生命保険制度も一気に崩壊する。

三橋　でも、どうせあれでしょう？　最後は日本の保険会社が破綻したときと一緒で、加入者が損をして割を食うという話ですよね。仕組み的には中国のシャドーバンキングと同じです。

渡邉　日本の場合は破綻処理という形で保険金が減額になりましたけど、韓国の場合、おそらくそれでは済まない。**社会保障制度そのものが不安定化してしまう。**そのとき韓国人はどうするのだろうと思いますけど、われわれとしてはあんまり関わらないほうがいい。

三橋　そう。ただ朴槿恵が中心となって画策しているジャパン・ディスカウント（日本の地位失墜を狙った運動）は問題ですよ。あれには堂々と大きな声で反論して、あとは関わらないといったスタンスが必要です。

　もちろん韓国も中国と同じく、格差問題がひどすぎる。そしてデフレも深刻化している。問題なのは、そのデフレが三星や現代といった財閥には極めて有利なことです。なぜかというと、人件費が下がるから国際市場で安く製品を供給できる。実際、韓国の人件費は下がっていて、最低賃金が時給４００円ぐらいに設定してあるのに、そんなものはどの企業も守っておらず、だいたい労働者は２５０円ぐらいで働かされている。これは、韓国では労働者が供給過多だからです。すると企業側は「最低賃金がほしかったら他所に行って。ウチでは雇わないから」と強気に出る。そんな状況の中、失業率が3パーセントで完全雇用に近いという**韓国政府の統計は何なのだ**（笑）と腹が立つ。まあ、そのカラクリについては『愚韓新論』という本に書きましたから、ここでは繰り返しませんけど。今や韓国は中国に次ぐぐらい、グローバリズムに都合のいい国になっている。

渡邉　その前提は日本にも責任があって、要するに日本は貿易赤字が悪化する中で韓国を利用した迂回貿易構造を作ったわけです。その中で、韓国や中国は中間的な生産拠点として機能してきた。ところが、そこに先進国の失業率悪化という状況が生まれた。ですから、日本企業は迂回貿易構造ではなく、直接的に先進国に工場を作る地産地消的なモデルに変えようとしている。この結果、日本にとって韓国や中国は必要な国ではなくなっていく可能性が高いわけです。

三橋　そう、**もう必要ないよ**。それでも中国は無視できない大国ですけど、韓国などパッシングしても何も影響がない。無視でいきましょう。

第四章

安倍政権は変質したのか——日本の大問題

景気への影響をどう見るか

渡邉　まず２０１４年４月、消費税率が５パーセントから８パーセントに上がりました。本書が上梓される頃、その影響がどのような形で出ているかは予想し難いところはありますが、基本的に消費に対して増税をするわけですから、景気にマイナスの影響が出ないわけがない。そのマイナスに対し、政策的にどのように対処するかがポイントです。

安倍政権の対処法は５兆円強の補正予算を組んで景気対策を打つというものです。ただ、今回の消費増税で国庫には８兆円のプラスが出ると推計されている。言い換えると８兆円分、消費を抑え込むことになるわけです。それを５兆円の補正予算で補うことができるかどうかが第一の問題点です。

しかし、より大きな問題点は構造的な観点に求められます。これまでの日本というのは、急激な景気の落ち込みに対して基本的に公共事業で対処してきました。短期の公共事業を創出することにより、一時的な景気浮揚を図ってきたわけです。ところが現在、日本にはオリンピック特需・復興特需・国土強靭化特需という３つの特需が訪れていて、公共事業の受け手たる土木建築業者が完全なオーバーキャパシティになってしまっている。この状況下では、景気の落ち込みに公共事業で対処しようとしても、受け手の側にそれを消化するキャパシティがない。したがって、どれだけ予算をつけようと構造的に公共事業を拡大することができないわけです。これが最大の問題点だと思います。

では、消費増税による景気の落ち込みに対して、他にどのような処方箋が考えられるか。たとえば消費拡大策という手があります。民主党政権が景気対策の目玉として打ち出したエコポイントなどもその一つでした。これには即効性はあるものの、後のリバウンドがきついという問題がある。前回のエコポイントでは約７０００億円の予算を組んで約５兆６０００億円の経済効果を生みました。しかし景気が拡大するのはいいのですが、制度の終了とともにモノが売れなくなるという副作用が生じてしまう。ですから、エコポイント的な消費拡大策というのは中・長期的には利するところが少ないのです。

本来、消費増税というのはデフレを完全に脱却したときに打つべき政策です。しかし、現下の日本はとてもデフレから脱したとは言えない状況です。このタイミングでの消費増税とは、比喩的に言えばアクセルを全開にしながらブレーキを強く踏み込むようなものですから、スピンする可能性が高いと私は見ています。

三橋　基本的認識は渡邉さんと同じです。消費税は毎年かかる税金ですけれど、景気対策というのは1回限りの効果しか持たない。たとえば1997年の橋本龍太郎内閣で消費税率を3パーセントから5パーセントに上げたときは、翌年4月に16兆円規模の総合経済対策を打ちました。しかし、見事なくらい消費は落ち込み、それ以降、わが国の民間支出は97年の第2四半期を1度も上回ったことがないという恐るべき状況が現出してしまっている。

消費増税の結果、国民が消費と投資（民間住宅投資および設備投資）を減らし、所得が減少したことにより税収すら減ってしまったわけです。これでは増税の意味がまったくありません。安倍政権というのは、そうした悪しき前例を見ていますから、「デフレから脱却するまで消費増税はしません」を公約にして政権を握ったわけです。しかし今回、財務省に押し切られる形で消費増税に踏み切ってしまったわけですね。

私は、**財務省が戦略的に上手《うま》かった**のだと思います。消費増税の流れを止めるとしたら、昨年秋の臨時国会の時点で何らかの措置を講じるしかなかった。しかしあの時期、国会は日本版NSCや特定秘密保護法案など重要法案が目白押しで、スケジュールが非常にタイトになっていた。その中で、政権は何も手を打つことができず、財務省に押し切られてし

消費税増税に指摘される問題点

消費増税　4月から価格はこう変わった

区分	品目	旧価格	新価格
運賃・公共料金	**新幹線（のぞみ指定席）** 東京—新大阪	1万4050円➡	**1万4450円**
運賃・公共料金	**JR** 新宿—大岩	450円➡	ICカード **464円** 切符 **470円**
運賃・公共料金	**タクシー** 東京都心の初乗り	710円➡	**730円**
運賃・公共料金	**通常はがき**	50円➡	**52円**
運賃・公共料金	**NHK受信料（月額）** 地上波のみ口座引き落とし	1225円➡	**1260円**
運賃・公共料金	**電気料金（月額）** 東京電力管内の平均的な家庭	8111円➡ （4月）	**8541円** **（5月）**
運賃・公共料金	**ガス料金（月額）** 東京ガス管内の平均的な家庭	5818➡ （4月）	**6063円** **（5月）**
運賃・公共料金	**公衆電話（市内・昼間）** 10円あたり通話時間	1分	**57.5秒**
商品・サービス	**自販機の飲料** 「コカ・コーラ」350ml缶	120円➡	**130円**
商品・サービス	**ファストフード** マクドナルド「ビックマック」	310～ 390円➡	**313～** **401円**
商品・サービス	**たばこ** JT「メビウス」	410円➡	**430円**
商品・サービス	**東京ディズニーリゾート** 大人1日券	6200円➡	**6400円**
商品・サービス	**東京スカイツリー** 大人展望デッキ	2000円➡	**2060円**
商品・サービス	**新聞** 朝日新聞の朝夕刊月ぎめ購読料	3925円➡	**4037円**
商品・サービス	**100円ショップ大手** **100円回転ずし大手** **銀行ATM手数料など**	105円➡	**108円**

消費税が非課税
賃貸住宅の家賃
土地の売買・貸し付け
保険診療・介護保険対象のサービス
学校受験料、入学金、授業料、教科書代
火葬料、墓の永代使用量

出典：朝日新聞2014年3月

　最大の問題点は逆進性。所得上位の富裕層にとって3%の増税はさして問題にはならない。しかし、中流層/貧困層にとっては大きな負担になる。そのため、人口の大半を占める庶民が消費を手控える結果、税収の減少を招くことにもなる。実際、1997年に時の橋本龍太郎政権が消費税増税を実施したときには全体の税収が減少した。財政再建を目的に増税したのに結果的に財政が悪化する——本末転倒の結果といえよう。また、今回の場合、財政再建を企図して増税を行うにもかかわらず、法人税を減税するという矛盾した政策がとられていることも問題点として指摘し得る。安倍政権は一般庶民をないがしろにして大企業をいたずらに優遇しているという批判は、決して的外れではないだろう。

まった。

渡邉　そう。もう1つは予算編成ですね。2014年1月の通常国会までに予算編成をしなければならなかった。そのためには財務省の手を借りる必要がある。財務省は、その時点で消費増税を織り込んでいました。

三橋　今回の増税は、橋本政権時よりさらに危険な要素を孕んでいます。というのは、97年の増税時には実質賃金が年率約1・5パーセント上昇しており、日本経済はデフレではなかったのです。ところが消費増税により実質賃金がマイナスに落ち込み、所得が減るという意味での本物のデフレが始まってしまったわけです。

問題は今回。2013年の実質賃金は年率マイナス0・9パーセントで、明らかなデフレの下での消費増税ということになります。これは数字上の問題です。

もう1つは、数字には表れていない問題があります。日本国民の「デフレマインド」の問題。国民がカネを使わないというマインドは、97年よりも今のほうが明らかに大きい。この状況下で消費増税など実施してしまうと、本当に何が起きるかわからない。本来であれば、渡邉さんがおっしゃるように公共投資でカバーすべきなのですが、人手不足が深刻でその手は打ちにくい。いくら財務省が地方自治体に予算を繰り越して使いなさいとか、厚生労働省や国土交通省に数値目標を定めて「いつまでにいくら使いなさい」と指導しても、地方政府も中央省庁も人手不足というボトルネックにより、予算を消化しようがないわけです。

渡邉　その典型が**公共事業の不調不落という問題**ですね。いわゆる公共事業を発注しても、落札金額が安すぎて土木建築業者がどこも請けない。請けられない。背景にあるのは人手不足です。建築労働者の賃金は昨年に15パーセント引き上げられたのですが、それでも人がぜんぜん集まらない。労務費の先高感により、土木建築業者としては仕事を受注したくてもできないわけです。

三橋　逆に言えば、私はそこに今の日本が抱える問題を解決するヒントがあると思う。公共事業にしても、入札の予定価格を1・5倍に引き上げれば、人件費の高騰を計算に入れても黒字になりますから、土木建築業者は落札してくれます。他のジャンルにしてもそうです。たとえば介護や医療の分野では、今、ワーカーの人手不足が深刻です。これは介護報酬や診療報酬が低く抑えられているためです。ですから、**公共事業の予定価格と介護報酬・診療報酬を一気に引き上げる。**そうすれば事業も消化できますし、雇用も生まれる。

　そこで問題になるのが、財務省の考え方です。彼らは各事業の単価は据え置いたままで、

日本の公共事業の動向

公共事業の動向（日本と主要国）

一般政府総固定資本形成対GDP比率(%)

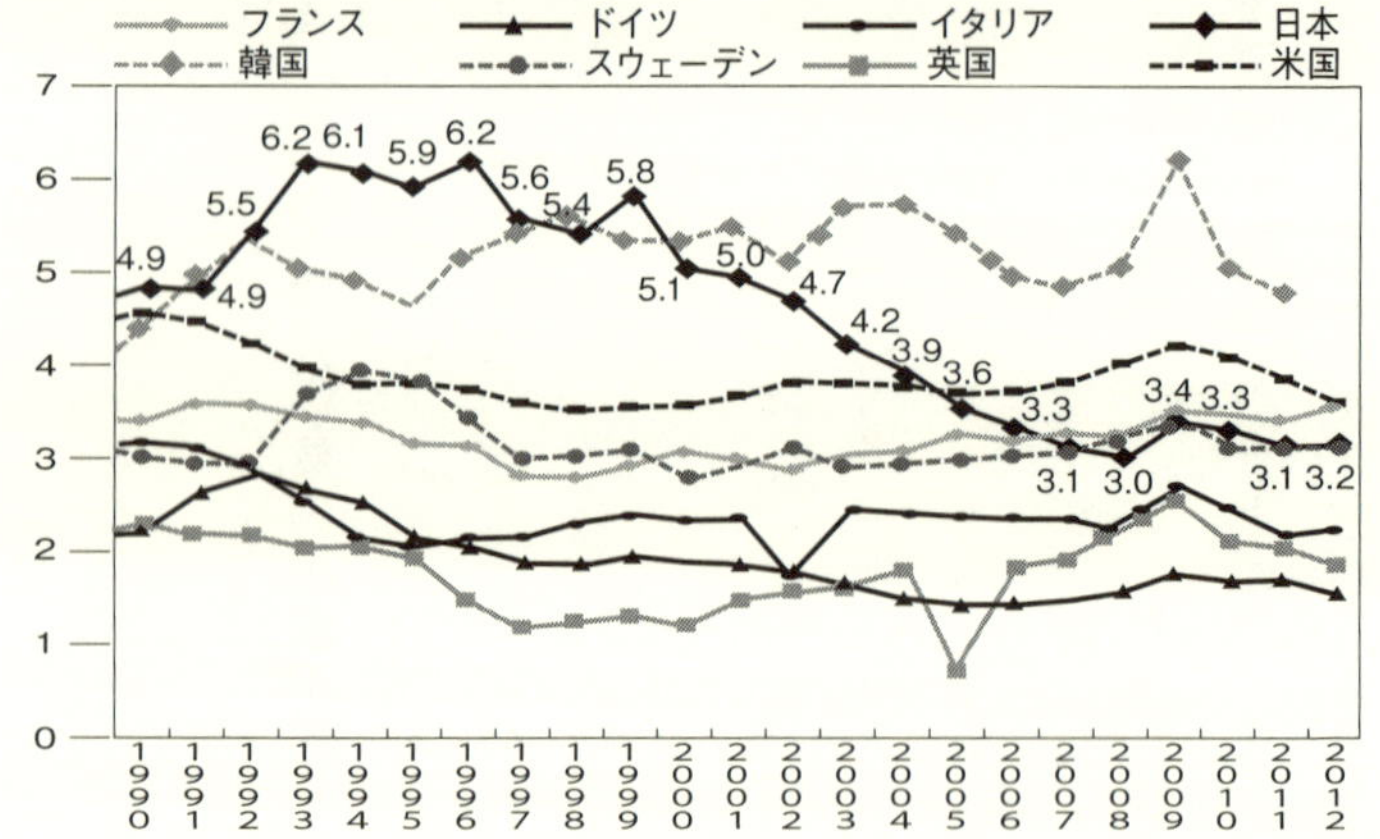

出典：OECD

公共事業費の推移

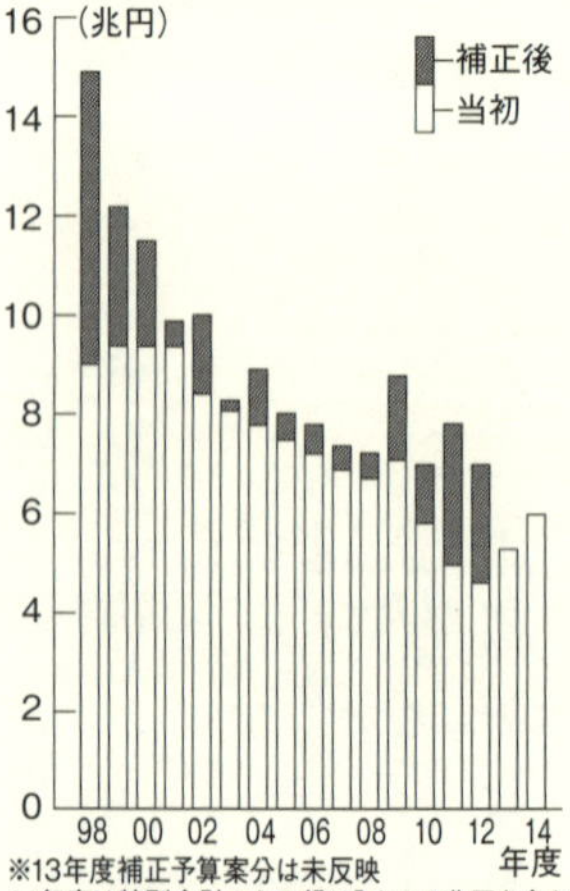

※13年度補正予算案分は未反映
14年度は特別会計からの繰り入れ0.6兆円を含む

出典：毎日新聞2013年12月25日付

日本では90年代前半、公共事業が急拡大した。きっかけは、日米構造協議の中で米国に内需と公共投資の拡大を迫られたこと。さらに、90年代後半になるとバブル崩壊による景気低迷により大型景気対策の必要性に迫られ、日本の公共事業はさらに拡大した。しかし、00年代に入ると状況は一変する。いわゆる「小泉改革」により公共事業費の対前年度比3%減のシーリングが打ち出され、以降、公共事業は減少の一途をたどった。その後の麻生政権で積み増しが図られたものの、後続の民主党政権はさらなる公共事業の削減を実施。3年連続で対前年度比10%以上の減少となった。ただし、2012年末の政権交代により、状況は再び逆転しようとしている。公共事業は2013〜2014年と2年連続して増加。背景には、13年臨時国会で成立した国土強靭化基本法に基づき、防災・建物老朽化対策の名目でインフラにカネをつぎ込みやすくなったという状況がある。ただし、これをもって古い自民党のばら撒き体質が復活したと批判する識者の声もある。

数を増やすという発想をするのです。**それではダメ**（笑）。事業の単価を上げなければならない。この部分で発想の転換ができ、財政均衡主義から脱却できるかどうかで、日本の行方は決定的に変わってくると思います。

渡邉　それは、事業を利益率で見るか利益高で見るかという問題に通底しますね。いくら利益率を上げても利益高を取れなければ仕方ないわけで、最終利益高をどれだけ取るかという発想を、たとえば税収などに関してもする必要がある。お役人というのは、そうした経営感覚というのが欠如していて、非常に経理的に物事を見てしまう。

日本に訪れた決定的な社会構造変化

三橋　経理的な発想の弊害とは、こういうことですね。つまり各企業単体で見ると、売り上げが一定と仮定するならば、費用を削れば利益が増えるわけです。ですから、リストラをしましょうという発想になる。売り上げを増やす考え方をしないのですよ、経理畑というのは。

　その経理的な感覚に支配されている問題と、同時に日本を――いや、世界をとさえ言えるのでしょうが――むしばんでいるのが財政均衡主義です。「財政赤字はダメですよ」という発想から抜けられない限り、たとえば公共事業の予定価格を１・５倍に引き上げるといった措置は講じることができない。単価を上げれば諸々の問題は解決されるのに。財務省の考え方というのは、インフレ期になら妥当性があるのですよ。インフレ期なら各事業の単価を切り下げるのは正しいやり方なのですが、デフレ期になぜ、それをするのかということです。

国民がカネを使わないで困っているときに、国がモノやサービスを高く買うことを嫌がっているわけです。**「あんた、国が高く買わなくて、いったい誰が買うんだ」**と笑ってしまいます。この２つの問題はいわゆる経理的な発想と財政均衡主義（政府の歳入と歳出を均衡させ、新たな国債の発行を行わない財政運営の方法論）、日本に立ちはだかる大きな壁になっていますね。

渡邉　公務員賃金に能力スライドを導入するというのはどうでしょう？　これを導入すると、たとえば財務省の場合だと、公務員の給与がどれだけ税収を増やしたかによってスライドすることになる。そうすると、彼らも経理的な発想を捨てざるを得なくなるのではないでしょうか。

三橋　それは難しい。公務員の給与引き上げには世論の反発があるから。私はむしろ、公務員の場合は数を増やす方がいいと思います。たとえば今、東北などでは行政能力が決定的に不足しています。それなら**生活保護受給者を雇用して東北に送り込めばいい。**

渡邉　そうですね。失業者を公務員として雇用するというのはいい手だと思います。たとえば介護分野などでも、公立の介護施設をたくさん作って、そこで失業者に働いてもらう。

三橋　医療も介護と同じ問題を抱えています。現在、医師の数が約13万人不足していると言われていますけど、診療報酬を上げない限りこれは増えていかない。ですから、生産性を上げるしかないということです。医療現場では今、医師たちが本当にギリギリの状態で戦っています。何とか解決すべき問題なのですが、財政均衡主義と経理的発想が壁になって打開の糸口が見つけられない。日本で財政破綻が喧伝されるようになったのは１９８２年のことで、以来32年、これがボトルネックになり続けている。

渡邉　そう、もう何十年も同じ問題が続いている。加えて、今の日本は本当に大きな社会構造変化を経験しつつあります。人口動態に関連する問題です。いわゆる団塊の世代といわれる労働者たち約１０６１万人が２００７年以降、暫時、社会を支える側から社会に支えられる側にシフトしていっています。歴史的に見ると、バブル崩壊期に日本では若年層人口（＝低賃金層）が多くて国家が発展しやすい人口ボーナス期（人口構成で子どもと老人が生産年令人口が多い状態）から、30～40歳代の高所得層が多い人口オーナス期（生産年令人口が少ない状態）へのシフトが起こった。このバブル崩壊期に30～40歳代だった団塊の世代の存在があるが故に、若年層の賃金が押さえられ続けてきたという状況があります。結局、団塊の世代までは年功序列の賃金ベースが残存していたので、企業としては若年層の賃金を抑制せざるを得なかったわけですね。しかし、それが去年あたりから大きく変わり始めた。自民党政権になって景気が回復したことで、労働者の賃金の問題が一気に噴き出してきたのです。

三橋　でも、それは好機ではないかと思います。

渡邉　そう、好機ですね。

三橋　問題は人件費の市場価格が上がってきているのに、政府の側がそれに対応していないということ。人件費が今は2倍になっているのに、公共事業の予定価格が1・15倍では、土木建築事業者が落札するはずがない。そのあたりの問題を政治家が整理して理解すればいろいろな問題が解決する。何しろ需要はあるのに人手が足りない状態というのは、経済成長していく上ではまたとないチャンスでしょう。

医療と介護の問題点

OCED諸国の医療状況

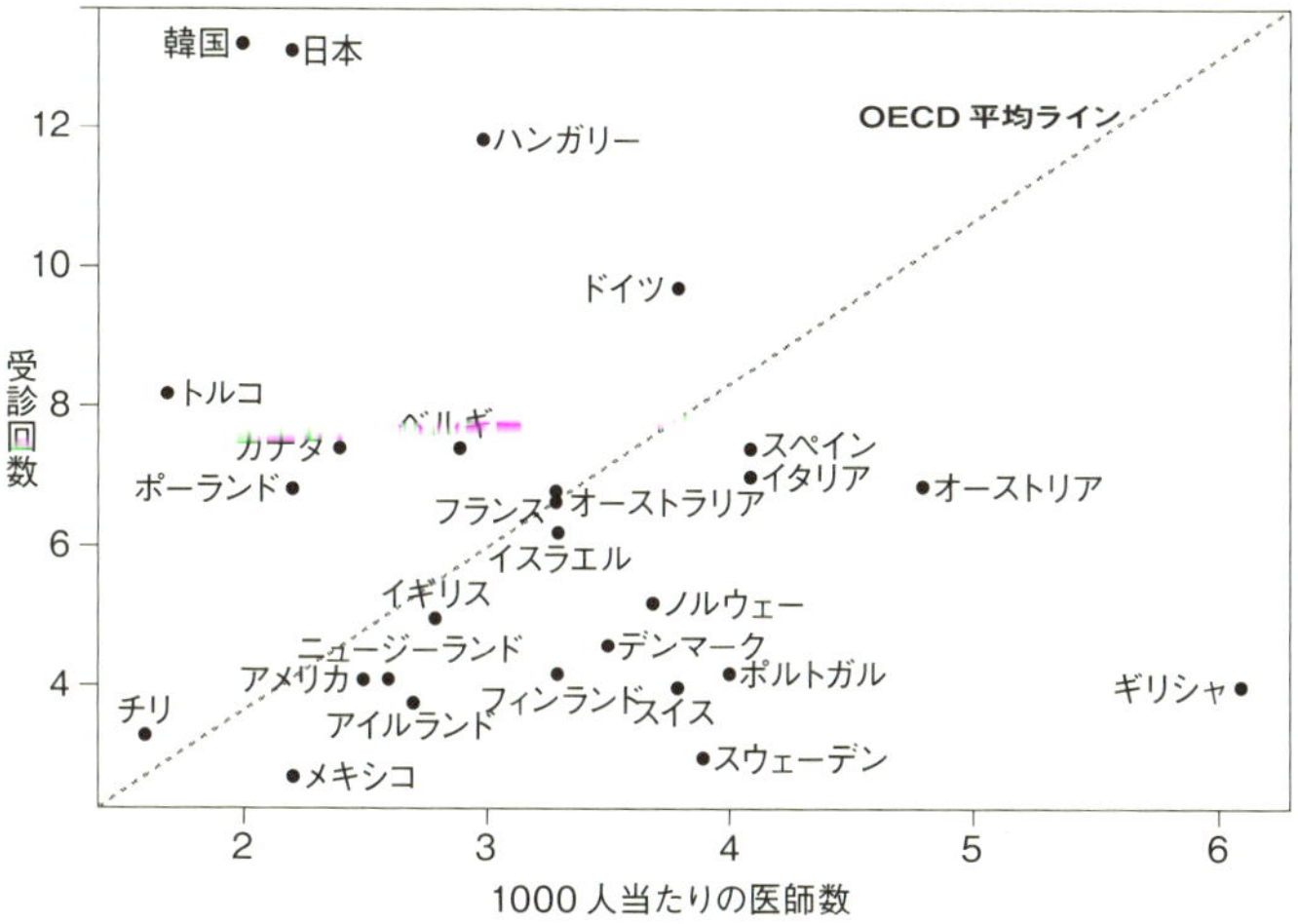

出典：OECDヘルスデータ2013

介護難民を生む療養型医療施設廃止の流れ

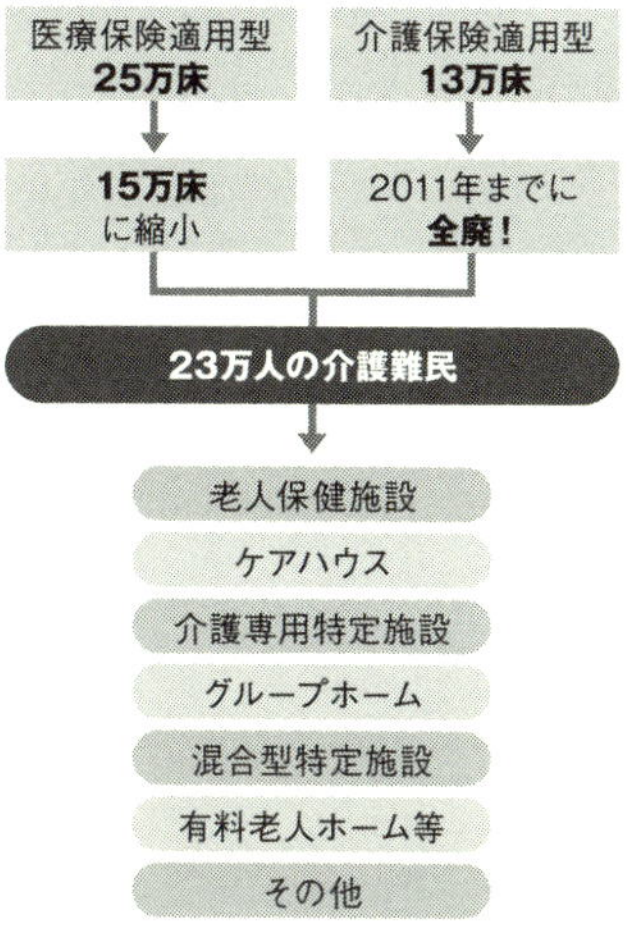

出典：ジャーナリスト中村聡樹氏作成

日本の医療と介護の問題点は、慢性的な人手不足に集約される。まず、医療についてみると、日本国内における医師の数は現在、約29万人といわれている。これを人口1000人あたりでみるとOECD加盟国の平均以下であり、医師の絶対数の不足が著しい。

一方、介護に関しては、ケアワーカーの不足が社会問題とされて久しい。介護はいわゆる3K仕事であり、もともとなり手が少ないうえ、介護報酬が低く抑えられているために収入的にも恵まれないという状況が背後にある。

報酬面の問題点は医療にも当てはまる。診療報酬が低く抑えられているため、医師は激務に比して収入面でさほどめぐまれておらず、畢竟、なり手が不足することになる。

医師不足・ケアワーカー不足を解消するためには診療報酬・介護報酬の引き上げが必須だが、社会保障費削減の流れの中でなかなか実現できないという問題があり、解決は難しい。

渡邉　安倍さんも、それをある程度はわかっている。ですから、平成25年の税制改革大綱で、正規雇用を増やしたり賃金を引き上げたりした企業には税制上の優遇措置を与える制度を作ったわけです。加えて、企業に給与をできるだけ早く引き上げてほしいとお願いして回っているわけですが、今年の春闘でやっと実現したベースアップがフロント企業で3500円。ボーナスでの積み増しがあるにしても、消費増税による家計の負担増約8500円（月額）に対応できる水準ではありません。やはり企業にとっては、ベース賃金を上げるのは大きな決断になってしまうので、そこが難しい。

三橋　私も、そこが大問題だと思います。私が大嫌いなミルトン・フリードマンが1つだけ正しいことを言っています。それは「恒常所得仮説」というものです。つまり、恒常的な消費の拡大というのは、所得が恒常的に増えていかないと実現し得ない。所得の恒常的な増加とは、一言で言えばベース賃金（基本給）の増加です。私は賞与などの一時金を減らしてでも企業は基本給を上げるべきだと思っています。そうすれば、家計は住宅ローンを組むこともできる。

ミルトン・フリードマン（1912〜2006）　アメリカのマクロ経済学者。貨幣数量説に基づきマネタリズムを提唱。国家の裁量による総需要管理というケインズの政策を批判した。1976年、

ノーベル経済学賞受賞。

恒常所得仮説　現在から将来に渡って確実に得られる見込みのある恒常所得（固定給与など）によって、国民の消費活動が左右されるという説。フリードマンによって１９５０年代に提唱された。

渡邉　たとえば、**年功序列型の賃金制度や、あるいは終身雇用制度を再導入するのが良い**のかもしれない。年功賃金と終身雇用は国策として移民を受け入れないという選択をしたら、もしかすると復活するかもしれないですよ。何しろ今、決定的にマンパワーが不足しているわけですから。この問題に関連して私が1つ言いたいのは、ボランティア精神というものを、とくに高齢者の方々に誤解してほしくないということです。なぜかというと、**ボランティアという形で無償の労働力が労働市場に入ってくると、賃金引き下げの圧力になる**からです。

三橋　それは私も強調したいところです。ボランティアの精神自体は、もちろん尊いものです。しかし、こういうことがあります。たとえば地方などで年金を受給している高齢者が、家庭の庭木の手入れをボランティア価格の1～2万円で引き受けたりしている。本来、庭木の手入れというのはプロの植木職人が最低10万円ぐらいで受注するものです。それをボランティアに1～2万円で引き受けられてしまっては、彼らは価格競争で負けてしまう。

結果、プロの所得が失われてしまうことになります。

渡邉　私はその問題を**「やなせたかし案件」**と命名しています（笑）。アンパンマンの生みの親として著名な漫画家の故やなせたかし先生が、地方のキャラクターの制作をほぼボランティアで大量に受けていたのです。そうすると、他のイラストレーターの人たちは「やなせ先生でもこの価格なのだから」と発注元に値切られて、決してそれ以上の額は受け取れなくなってしまっていました。

三橋　それは大問題だな。冒頭に述べたデフレマインドと通底する問題です。要するにモノやサービスを安く提供することが「良いこと」とされてしまうと、その分、絶対に誰かの所得が失われているという事実が隠されてしまう。デフレというのは一般的に物価が下落することと説明されていますが、本当の問題は物価の下落によって所得水準が下がることにあるのです。

　安倍政権は、残念ながらそこまで問題を掘り下げていない。企業に賃上げを要求しているわけですから、半分は踏み込んでいると言えます。しかし、安倍さん自身が２０１３年2月の衆議院予算委員会で**「デフレは貨幣現象です」**などという竹中平蔵的（笑）答弁をしているところを見ると、あまり問題の本質を理解していないようです。彼はアベノミクスにより株価が上がり、それにより消費が増えた資産効果を強調する。ですけど、株価が上昇するのを待つのであれば、その上昇分のカネをモノやサービスの購入に投入するほうが早いのではないか。そのあたりの議論がまったく深められていないのが問題です。

アベノミクスの矛盾点

渡邉　安倍さんの言う資産効果とは、**かなり怪しい**ですね。自由主義経済においては人々の行動を、たとえばモノやサービスの購入に向けて強制できません。ですから、企業や個人が株で儲けたとしても、彼らがそのカネを投資や消費に回すとは限らない。とくにデフレ下の今は貯蓄に回される可能性のほうが高い。いくら量的緩和で市場に流通する通貨量を増やしたとしても、それが蓄積に回ってしまっては意味がありません。もしカネを強制的に支出に回すというのであれば、方法は公共事業などの政府が行う事業以外にないわけです。

三橋　結論的に言うと、**安倍さんは二兎を追っている**わけです。一方で「デフレは貨幣現象」と位置付け、量的緩和で資産効果を狙う。その一方で公共事業もちゃんと拡大していた。一体どっちをやりたいんだと考えこんでしまいます。
　労働市場に向けた政策もそうです。企業にベースアップのお願いをするなど、正しいことをやる一方、労働市場のさらなる競争激化を招く労働規制の緩和もやろうとしている。非正規雇用がこれだけ問題化しているにもかかわらず、です。この矛盾をどう解釈すればいいのか、私は判断に苦しみます。

渡邉　それはおそらく、レクチャーペーパーを書いている官僚の思考が統一されてはいないからですよ。総理の答弁を書く**各省庁の思惑が一枚岩ではない**から、いろいろな矛盾が生じてくる。それと、自民党内が決して思想的に一枚岩でないことも大きいと思います。自民党の右派と左派の間では、経済に関する考え方が１８０度違う。
　安倍政権の構造というのは、右派と左派の両極が「救国」の名の下に手を結んで１つの政府を作っている形です。一方に、吉田学校直系の左派のプリンスである麻生太郎さんがいる。安倍さんは祖父である岸信介直系の右派のプリンスです。そして、安倍さんの本来の母体は右派の清和会ですけれど、この派閥は町村信孝さんを推していて、安倍さん自身は決して出身派閥のバックアップを得て総理になったわけではない。彼を総理に持ち上げたのは、左派の理論を軸に自民党のもともとの経済政策を作っていた麻生太郎さんたちのグループです。

でも、安倍さんとしては心情的に自分のブレーンも持っておきたい。そうすると、かつての第一次安倍政権のときに自分が組織した経済ブレーンに頼らざるを得ない。この連中がいわゆる新自由主義的な政策を安倍さんに吹き込むわけです。結果、経済左派的な政策と新自由主義的な政策の両極端を追わざるを得なくなっている。自民党内も両極に割れていますし、今は高い内閣支持率を背景に何とかバランスを取っています。けれども、支持率低下とともに**安倍さんは足元を掬《すく》われる可能性があります**ね。

彼も、その部分はわかっています。今回、内閣改造はなかったけれど、党幹部・役員、各委員会の委員長が全部入れ替えになりました。かつて国会がねじれていたときには、各委員会の委員長に党内のネゴシエーションができる調整役議員をずらりと並べていました。それでねじれが解消された今、今度は彼ら調整役を党内の重職に置いたわけです。**党内がまとまらないと政府が壊れてしまう**からでしょう。そうした人事でなんとか党内をまとめようと腐心しているわけです。そうすると今度は竹中平蔵などの諮問会議の連中がいろいろ文句をつけてくる。安倍政権というのは、非常に微妙なバランスの中で運営されているのだと思います。

新自由主義　経済への政府の介入を縮小し、規制緩和等を通じて従来政府が担ってきた機能を市場に任せることを主張する思潮。ケインズ主義の対局として、需要を政府がコントロールする「総需要管理政策」ではなく、供給サイドの活性化を目指す「サプライサイド政策」が採られる。

三橋　正しい観察です。私がよくわからないのは、経済財政諮問会議とか産業競争力会議とかに籍を置く民間議員（内閣府に設置された重要政策会議の議員のうち、民間有識者を指す）の方々というのは、いったい何の権利があって政府の政策に影響力を及ぼそうとしているのかということです。完全に民主主義のプロセスをないがしろにしている。自民党内で議論が百出している限りでは、まだ民主主義的なのです。というのは、自民党議員は私たちが選挙で選んだ政治家ですから。ところが、民間議員というのは民主主義的な正当性を何ら有していない人たちでしょう？　しかも、政府が左派的な政策を打ち出すと、「改革が後退している」とか言って彼らが一斉に反発するわけです。この問題は小泉政権のときから続いていて、麻生政権でいったん終わりましたよね。民主党政権のときにはそれどころではなかったし。それが現政権になってまた復活してしまった。実はこれ、日本のみではなくて世界的な問題なのです。

民間議員たちの唱える新自由主義的な政策というのは、すでに〝**失敗した**〟**思想**です。

どの国でも国民の支持を得ていない。ですから、政府に食い込んだ民間議員たち――アメリカの場合はロビイストですけれど――が民主主義のプロセスをすっ飛ばすということが多くの国でやられている。安倍さんがこれをどう見ているのかが私にはよくわからない。たとえばTPPに対する態度もそうですし、消費増税しつつ財政出動もするという矛盾もそうです。右派と左派の**〝良いとこ取り〟**をしているようにも見える。本書が出版される頃には帰趨《きすう》が明らかになっていると思いますが、今回の消費増税によって経済はそれなりに落ち込むと思います。そうなると、やはり安倍さんは本来の経済左派的な方向に戻らざるを得なくなるはずです。しかし、そこで竹中平蔵たちが「経済が落ち込むのは改革が足りないからだ」という牽強付会《けんきょうふかい》のロジックを持ち出して安倍さんを焚きつけること間違いなし。だから困るのです。彼らは、小泉政権のときはまだ裏方の「分」を守っていたのですけれど、今は露骨に表舞台に出てきているでしょう。

経済財政諮問会議　内閣府に設置されている「重要政策に関する会議」の1つ。橋本龍太郎政権におけるいわゆる行政改革の中で設置された。内閣総理大臣の諮問を受けて、経済・財政による重要事項について調査・審議する

産業競争力会議　日本経済再生本部の下に開かれる会議体。議長は内閣総理大臣。竹中平蔵、三木谷浩史などの学者や財界人が有識者委員（民間議員）として集う。

渡邉　私が竹中平蔵ら民間議員に言いたいのは、まず「議員」という呼称を名乗るのを止めなさいということです。彼らは民選の議員でもなんでもなくて、ただの諮問委員です。つまり、内閣・政府・総理大臣の御意見番なのです。ただの御意見番であるだけなら無害なのですけれど、民間議員を名乗って政策に直接的に関与しようとする、あるいはメディアを使って自己の政策をアピールする。**これらは絶対に許されません。**

私の見方では、彼らのやっていることって民主党政権の「事業仕分」と同じです。世論をあおって歳出削減の大義名分の元に行われたあの事業仕分によって、どれだけマイナスの影響が出たことか……たとえば民主党が事業仕分で道路維持費の10パーセントカットというのを実現させました。維持費を10パーセントカットすると事業費で3割カットになるわけです。そうすると、その地域の道路を維持している建築業者に入るべきおカネが3割不足することになる。で、どういう事態が生じたか。たとえばこれまで真冬でも4車線を維持していた国道が「取りあえず通行できればいいじゃないか」ということで2車線維持になってしまった。結果的に、今年の冬のように大雪が降ると通行止めになってしまうのです。4車線維持だったらそんな状況にはなりません。

三橋　現場の状況をよく御存じですね。その通りです。

郵便はがき

料金受取人払郵便

牛込局承認

6893

差出有効期間
平成28年 3 月
31日まで
切手はいりません

162-8790

東京都新宿区矢来町114番地
神楽坂高橋ビル5F

株式会社ビジネス社

愛読者係 行

ご住所 〒 TEL:　（　　）　FAX:　（　　）		
フリガナ お名前	年齢	性別 男・女
ご職業	メールアドレスまたはFAX メールまたはFAXによる新刊案内をご希望の方は、ご記入下さい。	
お買い上げ日・書店名 年　月　日	市区 町村	書店

ご購読ありがとうございました。今後の出版企画の参考に
致したいと存じますので、ぜひご意見をお聞かせください。

書籍名

お買い求めの動機

1　書店で見て　　2　新聞広告（紙名　　　　　　　　　　）

3　書評・新刊紹介（掲載紙名　　　　　　　　　　）

4　知人・同僚のすすめ　　5　上司、先生のすすめ　　6　その他

本書の装幀（カバー），デザインなどに関するご感想

1　洒落ていた　　2　めだっていた　　3　タイトルがよい

4　まあまあ　　5　よくない　　6　その他(　　　　　　　　　　)

本書の定価についてご意見をお聞かせください

1　高い　　2　安い　　3　手ごろ　　4　その他(　　　　　　　　　　)

本書についてご意見をお聞かせください

どんな出版をご希望ですか（著者、テーマなど）

渡邉　ですから、事業仕分というのは現場のリスクをまったく考えずに、ただ世論受けするようなことだけをやっていたわけです。今の諮問委員がやっていることもまったく一緒。ここで１つ、想起していただきたいのは〝民間〟というもののレーゾンデートル（存在意義）です。公務員は私利私欲のために働くと捕まります。でも、民間は私利私欲のためにしか働かないのです。したがって、**民間が健全だというのは大間違い**。民間は欲、カネのためにしか動きません。

三橋　われわれだってそうですよね。当たり前のことです。

渡邉　そう、当たり前なのです。これは説明のためによく使う例なのですけれど、たとえば三橋さんが政治家だとしましょう。私から三橋さんにはいくら献金できますか？

三橋　１５０万円です。

渡邉　そう、１５０万円しか献金できない。しかし、たとえば私がどこかの企業のコンサルタントだったとすると、「三橋先生と仲がいいよ、口利きしてあげるよ」と言って三橋さんを紹介し、多額の金銭を受領しても罪に問われないのです。実際、竹中平蔵は人材派遣会社パソナの取締役会長を務めていて、同社から高額な報酬と配当を受領しているわけです。

経済諮問会議の愚劣

三橋　議員は１５０万円しか献金を受け取れないが、民間議員はその何十倍もの金銭を受け取れるわけです。政治家というのは本当に儲からない職業で、手取りにしたら月給90万円ほどにしかならない。政治家で儲けた人といえば、最近では小沢一郎さんぐらいしか思いつかない。それでも、さまざまな苦労をしながら、かつ選挙で国民の審判も受けなければならない。だから、権力を持つことが許されるわけです。

　ところが、民間議員というのはそういう苦労を何もしない一方、私財を拡大することに関しては何の制限、制約も受けない。竹中平蔵に関して言えば、パソナというのはすでに自分の会社でしょう。民間議員のもう一方の代表たる三木谷浩史は楽天という企業のオーナーです。彼らが政府の政策に口出しして、自分の会社に有利に働く施策を求めるというのは、民主主義のプロセスの冒瀆《ぼうとく》以外の何物でもありません。

　たとえば経済戦略特区構想というのがあるじゃないですか。何でも、あの構想の諮問委員も民間議員にやらせるそうなのです。そしてその特区政策の正否の判断も民間議員にやらせるという。**これ、完全におかしいです。**国会議員に担わせるのが筋でしょう。

渡邉　それ、たんなる**斡旋収賄**ですよね。

三橋　本当に、ひどい話です。しかも話が大きい。もし、東京を経済特区にするなどという構想が持ち上がったら、どれだけ大きなビジネスになることか。

渡邉　ですから民営化がいい、なんでも民間に任せるのが効率的だという発想そのものが間違いです。政府には政府のやるべきことがあり、民間には民間のやるべきことがあるということです。とくに経営者というのは儲けを追求するのが当たり前でそうしたモチベーションを持つ者が行政に対する影響力や采配権を持ってしまうとどうなるか、ということを想像する必要があります。

三橋　渡邉さんが例に挙げられた民主党政権の事業仕分などでも、メンバーにモルガン・スタンレー証券の経済調査部長であるロバート・フェルドマンが任命されていたでしょう。あれなんか、**厳密に言えば憲法違反**ですよね。

渡邉　その他にも、ある議員に大量献金していた民間メンバーがいて、まあ、その人は途中で辞任しましたけれど。要するに、ああいう事業仕分の委員のようなものに名を連ねると、コンサルタント的な事業をやっている連中は、それだけで飯を食っていけちゃうわけ

経済戦略特区構想の概要

国家戦略特別区域法の概要

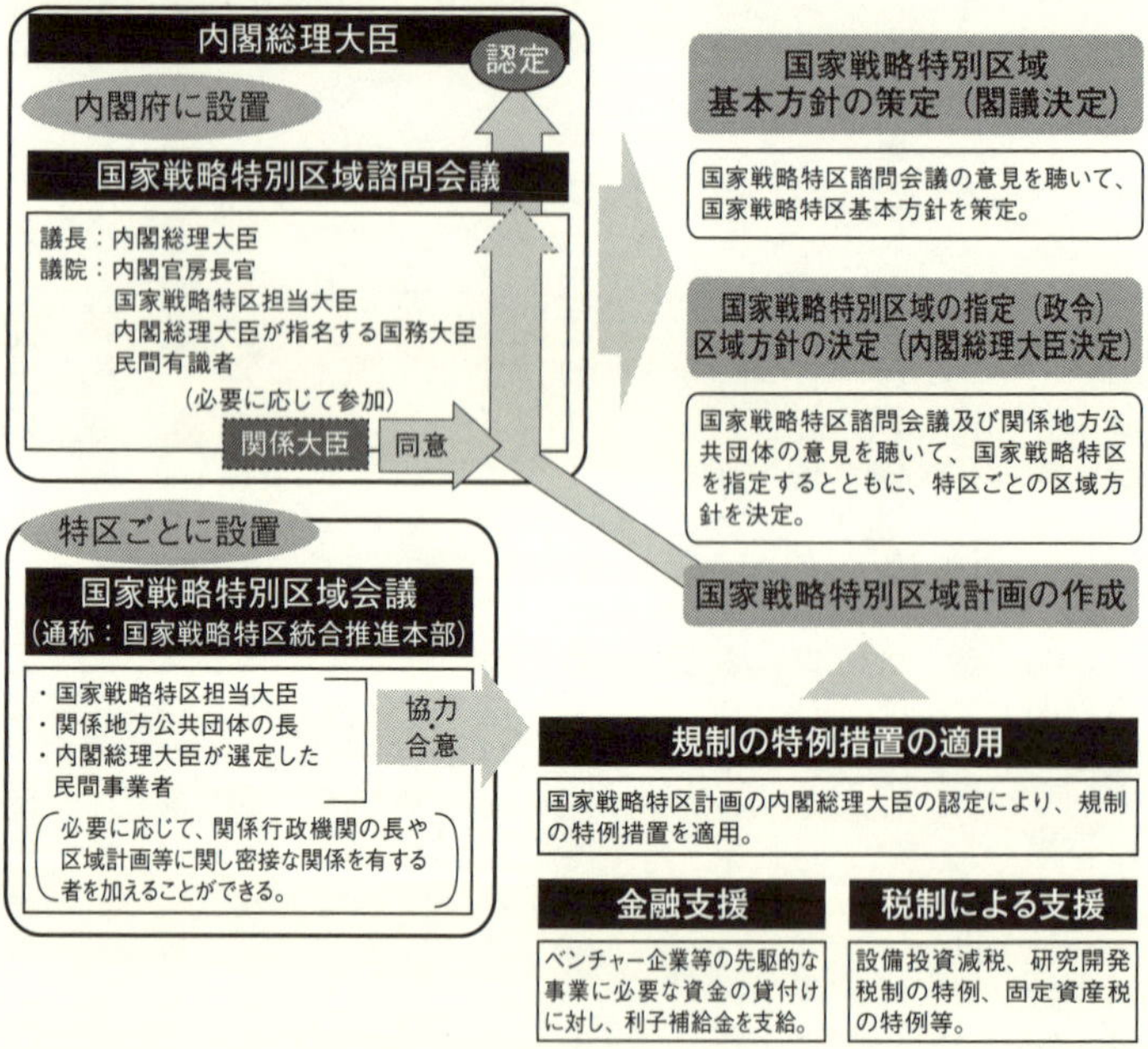

出典：内閣府

ある特定の地域に限ってさまざまな規制の適用を免除する――これが戦略特区構想である。同構想において、具体的に適用が免除される規制には、以下のようなものがある。

・外国人医師・看護師の業務解禁
・公立学校運営の民間への開放
・都心居住促進のための容積率・用途等土地利用規制の見直し
・滞在施設の旅館業法の適用除外

上記はほんの一例であるが、外国人や新規事業参入者など、その土地においては本来、ストレンジャーだった人々が事業を行いやすくするための構想だということがわかる。

ただ、そこには落とし穴がある。最大の陥穽は企業の利潤と国民生活のトレードオフだ。規制を緩めれば確かに企業は事業を展開しやすくなる。しかし、そのために国民の生活の質が下がってしまうのではないかという懸念がある。また、規制緩和に乗じて特定の企業・事業者への利益誘導が図られるのではないかという問題点も指摘されており、その実現に向けては課題が多い。

です。本当に「**渡る世間はゴロばかり**」という状況になってしまっています。

三橋　本当ですね。私は民間議員の活用などというものは即刻、止めるべきだと思います。諮問会議のシステムそのものを失くすべき。諮問会議が携わっている仕事って、本来は政治家が担うべきものなのですから。

渡邉　首相官邸の日本経済再生本部がおかしくなってしまったのもそこに理由があります。これはもともと自民党内の本部（会議）で、各議員が委員を務めてきたけれど、そこに諮問会議などというわけのわからないものが入ってきたことでおかしくなってしまった。諮問会議のメンバーの主張に議員が反対を唱えると「党内の反発が強い」とかいう表現にすり替えられてしまう。党内のほうが、よほど正常に議論をしているにもかかわらず、です。

日本経済再生本部　内閣に設置された組織。2012年12月の閣議によって決定された。本部長を内閣総理大臣が務める。第二次安倍内閣において、成長戦略を実現するために設置された。

三橋　あと決定的にまずいのは、民間議員には政策の失敗の咎《とが》を科すことができない点です。党内の議員であれば有権者が選挙によって落選させることができる。民間議員というのは責任を取らせようがないでしょう？　ですから、どうしても無責任になってしまう。

渡邉　責任を取らせる方法なり方向性なりを明確化できればいいのですけどね。そうでないかぎり、すべてがグレーゾーンの中で進むことになってしまう。たとえば経済特区などに関しても、民間議員が何かを提案するとき、それが当該人物の属する企業なりなんなりの利益に通ずるものであった場合、罪を問えるのかどうか。その辺のイエス・ノーをはっきりさせればいい。これに関しては方法があって、国会答弁の場に立たせればいいのです。ある政策について民間議員が提言なり提案なりし、それによってその民間議員の属する企業が利益を得た場合、罪になるのかならないのかという質問を議員質問として出す。そして罪になるという答弁を取ってしまったら、彼らはもう身動きが取れなくなります。

三橋　そうすると、**パソナと楽天は完全にアウト**ですね。竹中平蔵や三木谷浩史のしていることは、完全に倫理にもとりますから。ただ、この問題というのは本当に根が深くて、たとえばバリバリの新自由主義者である大阪市の橋下徹市長が水道の民営化を言い出しているのです。どうして水道を民営化するのですか？　と問うと、例の民間の活力を導入して云々《うんぬん》という答弁が返ってくる。けれど、そもそも私には「民間の活力」の定義がよくわからない。

　それはともかく水道事業とは、たとえ利益が出なかったとしても市民に品質の良い水を安定供給することが眼目です。しかし、それを民営化してしまえばコスト切り詰めに走ること必至ですから、必然的に水道水の水質は下がることになります。それでいいのですか？という疑問が残ります。

大阪市の例で、もう1つ驚かされたことがあります。同市では公務員の派遣社員化を進めているのですが、その派遣元というのがほとんどパソナなのです。これって許されるんですかね？　だってパソナの会長たる竹中平蔵さんって以前、維新の会の顧問をしていた人でしょう。

渡邉　橋下徹のパーソナリティからすると、**ありそうな話**です。彼はもともと「過払い」問題で日本人を最も苦しめた弁護士ですからね。橋下さんは昔、シティズというサラ金屋さんの弁護士を務めていました。そのシティズが過払い訴訟で勝ち続けたためにグレーゾーン金利が維持され続けたという経緯があります。ところがシティズが裁判で負けそうな状況になった途端、彼は同社の弁護士を降りましたけれど。そういう経緯があるために、西側、関西の維新の会のパーティには申し訳ない言い方ではあるけれど、得体の知れない**有象無象が集まる**という……。

三橋　この問題って構図的には非常にわかりやすいのです。要は橋下さんも竹中さんも同じ穴のムジナです。民間企業の経営者や弁護士などが私（わたくし）の利益を追求するために政治を使うということです。しかし、そうあからさまに言うことはできないので、彼らは新自由主義的なレトリックを使うわけです。「自由化です、市場原理です、民間活力の導入が必要です」、と。そうすると、困ったことにこれが大衆にウケてしまう。そこが問題だと思います。また彼らのレトリックに対し、農協とか医師会とか、あるいは心ある日本国民が「そんなことしたってお前の企業が儲かるだけじゃないか」と正論を唱えると、「お前こそ既得権益だ」と攻撃される。それがここ20年、とくに小泉政権以降に顕著になってきた動向です。

渡邉　やはり象徴的だったのは、いわゆる小泉劇場でしょう。あの郵政民営化を争点とする解散総選挙のときに、米国型戦略PR会社の手法を採用して、心理学に基づくワンフレーズを中心とした政治手法を導入した。この指揮を執ったのが竹中平蔵ですね。

　わかりやすくはあるが中身のないワンフレーズ・ポリティクスは、政権交代を実現した選挙で民主党も導入しました。あのときの民主党の公約を見ればわかるのですけれど、本当に中身がない。「子ども手当」にしろ「後期高齢者医療制度廃止」にしろ「高速道路無料化」にしろ、とにかく国民全員に配るという話ばかり。ただ配るだけなら言葉は悪いですけれど馬鹿にでもできる。スピーチの下手くそな新人議員でも、妊婦には「子供ができたら子ども手当を配りますよ」、お年寄りには「年金は下げさせませんよ、消費税も上げさせませんよ」と吹聴して回ればいいわけですから、誰にだってできる。こんな無責任な政治は他にありません。

三橋　それで、財源を問われたときに口にするのが「埋蔵金」。そんなもの、ないから（笑）。

渡邉　いや、一時はあったのですよ。特別会計の余剰金が。だけど、麻生政権がリーマンショック後の景気対策で使い切ってしまった。15兆円ぐらい。

三橋　あるはずもない財源を信じ、ただ「配る」という話に日本国民が喝采を送ってしまった。愚かなことだと思います。

渡邉　日本国民というより、私が**「団塊の最後っ屁」**（笑）と呼んでいる連中が喝采したわけですよ。反政府、反自民、反体制を言いたがる人たちですね。彼らにとっては、１９９３年の細川連立内閣誕生のとき以来、実に16年ぶりに訪れた政権交代のチャンスだったわけです。それと、やはり米国型戦略ＰＲ会社が仕立てた民主党のイメージ戦略に国民が乗ってしまい、踊ってしまったということもある。踊った結果が散々だったものですから、国民が反省して、今やメディアが笛吹けど踊らずの状態になりつつある、と分析できるのではないでしょうか。

財政赤字は諸悪の根源か？

一般会計税収、歳出総額および公債発行額の推移

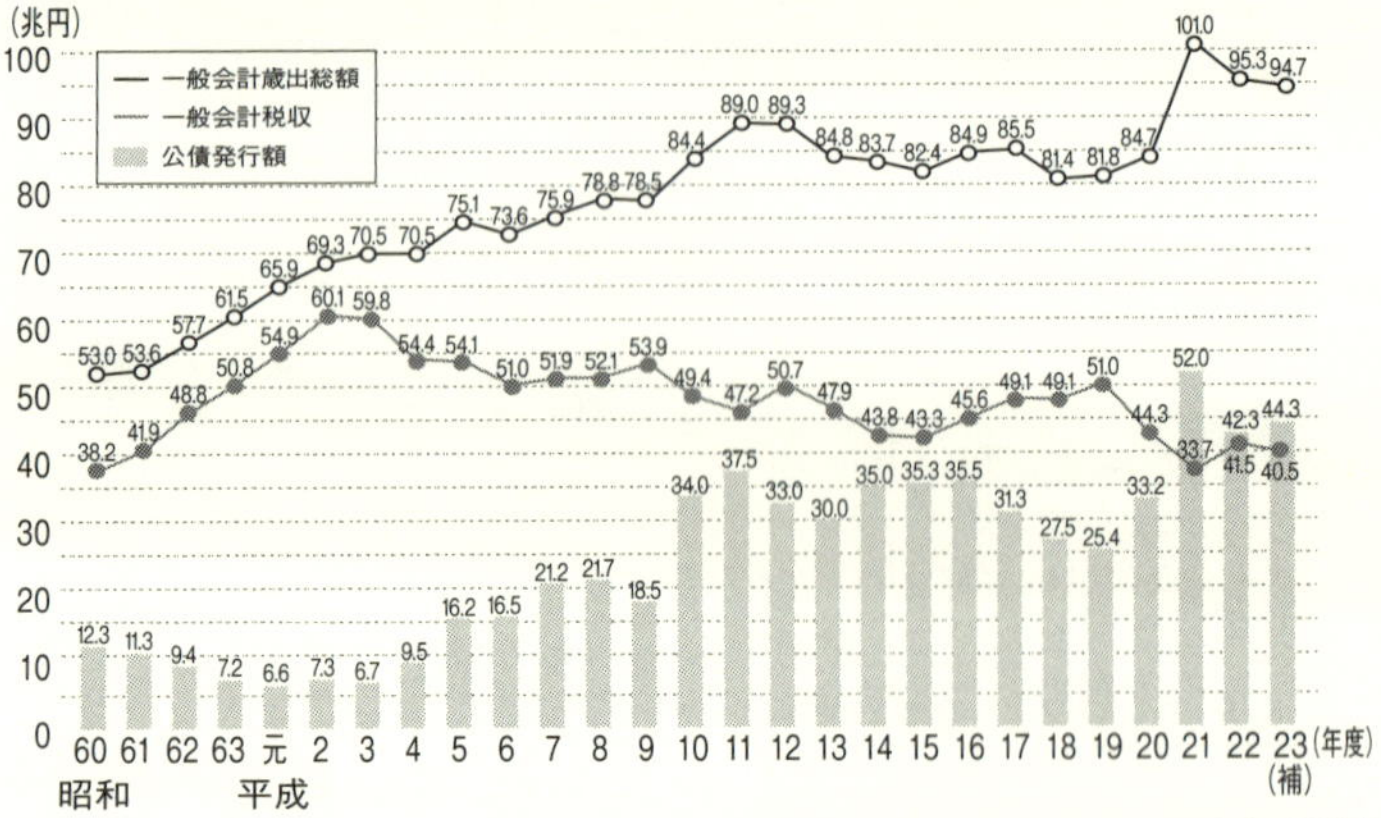

出典：財務省

公債残高の推移

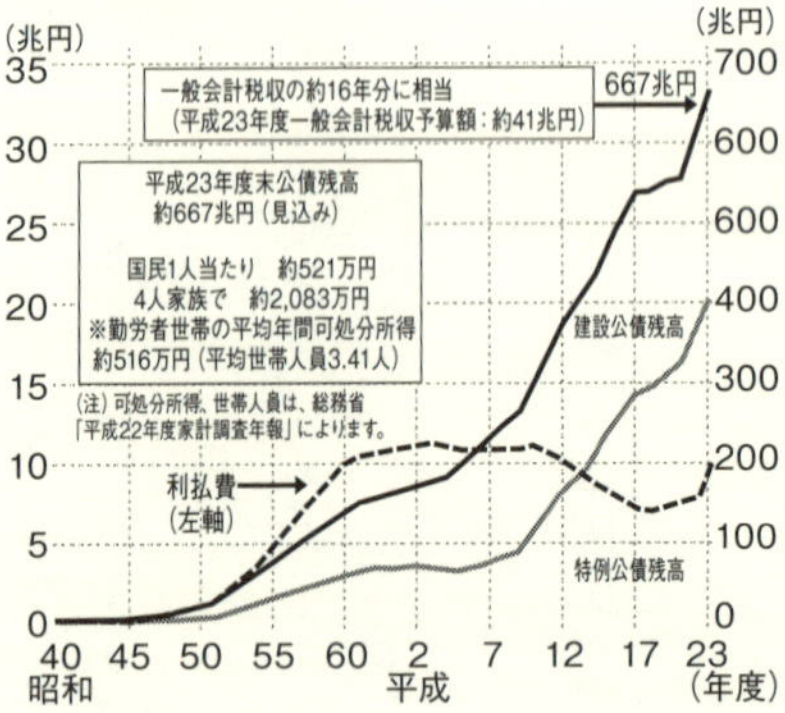

出典：財務省

日本が「赤字国債」と呼ばれる特例国債を発行するようになったのは1975年、第一次石油危機によるオイルショック不況が襲った年である。以降、日本政府は毎年のように赤字国債を発行するようになり、財政問題が不安視され始めた。事態が急速に悪化したのは90年代後半。景気対策として多額の財政支出や赤字国債発行が度々行われ、政府の債務残高は急上昇。2001年には150%を超える水準まで到達した。

2000年代は小泉政権の「骨太の方針」により債務残高の縮小が図られたが、07年の世界金融危機や08年のリーマンショックなどの影響から巨額の財政出動を余儀なくされ、再び債務残高が上昇しはじめた。そして、10年代、11年の東日本大震災に伴う復興債の発行により債務残高はより膨れ上がった。

この債務超過状態についてはさまざまな見解がある。このままではギリシアのように財政破たんするという悲観論から、日本の借金は日本国民の貯蓄で賄われているのだから問題視する必要はないという議論まで、さまざまな識者が幅広い論点を提出している。

行き着く先は新古典派経済学という悪夢

三橋　その渡邉さんの言う「団塊の最後っ屁」の人たちが、民主党政権に失望した後、たとえば橋下徹の支持に回ったのだと思う。私には、世間で言われているように若者が橋下徹を支持している——いや、もう過去形ですね——支持していたとは思えないのです。異常だったでしょう？　一時期の橋下人気というのは。

　それで話は小泉政権に戻りますけれど、小泉純一郎の方法論というのは、実は海外で盛んに真似されているのです。ワンフレーズ・ポリティクスで支持を集めて新自由主義的政策を推し進め、敵対勢力を既得権益層と決めつけて攻撃するスタイル。フランスのサルコジ元大統領もそうだったし、韓国の李明博元大統領も小泉の例に倣《なら》ったとしか思えない。

渡邉　おそらく方法論そのものはPR会社が作ったものでしょう。それを小泉さんが劇場型政治に上手く活用して成功したものだから、各国の政治家が**「これは使える」**となったのでしょう。

三橋　李明博の政権運営などは、ほとんど小泉の政治手法の丸パクリとしか思えない。そこで重要なのが、既得権益を壊すと言えば格好がいいけれど、では壊した後、どうなるかということです。別の既得権益が生まれるだけのことでしょう。ワタミとか楽天とかの例を考えてみてほしい。要するに彼らはビジネス権益の奪い合いをしているだけのことではないでしょうか。

渡邉　その通りです。（旧態依然とした仕組が崩壊し新しい可能性が生まれる）グレートリセットと言えば聞こえがいいけれど、卓袱台《ちゃぶだい》をひっくり返した後にどうなるかが問題です。まあ、漫画「巨人の星」の場合なんかだと、星飛雄馬の家庭にはちゃんとお姉さんの明子さんがいて、父・一徹がひっくり返した卓袱台を片付けてくれた（笑）。でも、通常の家庭では家庭崩壊が起こりますよ。それはひっくり返す人は気持ちがいいのでしょうけれど、その後に関係のない真面目な人たちが後片づけをするわけです。**その苦労を考えてみてほしい。**

三橋　先ほどからの私たちの対話を敷衍《ふえん》していくと、最終的に行き着くのが新古典派経済学です。財政均衡主義に基づき、政府はおカネを使いません、と。それでは医療はどうするのですかと問うと、保険診療と自由診療を組み合わせた混合診療を拡大させましょうとなる。公共事業をどうするのですかと問うと、ある特定の範囲で独占的な事業権を与えられるコンセッション方式でという答えが返ってくる。すべて民間の資本を活用すると同時に、民間投資家にカネを流していく仕組みです。

日本で財政均衡主義が決定的になったのは、ある人物が内閣府の経済成長モデル——日本の経済成長を推測するときのモデルを、発展途上国で採用されるべき新自由主義に基づくＩＭＦ型に変えたという事実によります。その人物というのが、ほかならぬ竹中平蔵です。結果、どういう事態が生じたか。日本は財政出動が極めてやりにくい国になってしまいました。「公共投資をやってももう効果は出ませんよ」というわけですから。それにより、必然的にデフレが継続することになります。すると今度は、「デフレから脱却できないのは改革が足りないせいだ」というロジックが持ち出される。政府と民間の間でカネが還流する仕組みが、こうして完成します。

たとえば最近では、公共施設などの建設、維持管理、運営を民間の資金と経営能力を活用して行う手法としてＰＦＩ（Private Finance Initiative）方式などというものが、もてはやされています。これに基づき、すでに刑務所の民営化の動きが始まっています。それを担っているのはセコムや新日鉄といった民間企業です。絶対に儲かりますよね。だって、政府からカネが出るわけですから。今、挙げたのはほんの一例ですが、これらがすべてアメリカの追随であることに注意すべきです。

新古典派経済学　経済学の学派の1つ。ケインズ以前の自由主義経済学派の流れをくみ、政府の役割を最小限に抑えて（小さな政府の実現）、民間の経済活動を自由放任にすることにより、結果的に最適な分配が可能になるという考え方を基本とする。

渡邉　アメリカをお膝元とする新古典派経済学の理論を活用した例ですよね。

三橋　よくわからないのが、民間の一部が儲けるために新古典派経済学が作られたのか、あるいは新古典派経済学がもともとあったために、それを活用して儲ける連中が出てきたのかという点。まあ、新古典派の前には古典派経済学があったわけで、その時点でアメリカでは同じようなことが問題になっていました。

渡邉　理論的には本来は経世済民《けいせいさいみん》じゃないですか。世を治め、民を救うという。ただ、実質的には経世自民ですけれど（笑）。要するに戦争においても経済においても、自分たちに都合の良い社会システムやルールを作るというのがゲームに勝つ上での鉄則です。

三橋　アメリカ人とかドイツ人は、そういうことが本当に上手い。

渡邉　ルール作りというと聞こえがいいけれど、たとえばオリンピックの競技などにしても自分たちに都合がいいようにルールを替えられてしまったら絶対に勝てないわけです。

スキージャンプやフィギュアスケートで日本人選手が活躍すると、ルールを変えて勝てないようにしてしまう。

三橋　さらにアメリカなどを見ていて強く思うのが、彼らは言葉を実に上手く使う。最近では「国際競争力」とか。**なんですか？　国際競争力って**（笑）。要するに、今はグローバル市場にアクセスできる状況であるということなのでしょうけれど、国際競争力って簡単に言うと価格競争力のことでしょう。国際競争力を高めることと価格競争力をつけることがほとんどイコールになっている。そうすると、国内の人件費は下げたほうがいいということになります。実際、今の日本はそうなってきているわけです。

国際競争力にからめてもう1つ言うと、グローバルな価格競争に入ってしまえば当然、内需は拡大しません。しかし、そうした言葉を唱える人たちに言わせると「いや、それで全然問題ない。なぜなら市場はグローバルだから」という答えが用意されている。結局、彼らの考えていることは2つだけなのです。1つは公的なサービスに民間のビジネスを入れること。もう1つは人件費を引き下げて、グローバルに利益を増やすこと。つまり、企業がいかに儲けるかという話です。それで、企業が儲かるとグローバルな投資家たちも儲かるという、それだけの話じゃないですか。

たとえばワタミ。何度も例に引いて申し訳ないですけれど（笑）。農業の既得権益をぶち壊して市場に参入しましたというけれど、それで儲けたのは誰なのですか？　経営者の渡邉美樹さんでしょう。ワタミ以外のどこが儲けたのかというと、誰もいませんよね。でも渡邉美樹さんはある意味、偉いと思う。なぜならば政治家になったから、です。政治家になるということは有権者の審判を受けることであり、公的に叩かれても仕方ないということです。

渡邉　そうそう。今のワタミは**完全にブラック企業と呼ばれる企業のスケープゴートというか、代表になっています**よね。民間人は叩けない。しかし政治家は叩ける。こんなにありがたいことはなくて、ワタミを叩くとワタミ以外の似たような体質の企業がみんな蒼ざめる、という構図になっています。

日本に財政問題はない

三橋　ブラックと呼ばれる企業が跋《ばっ》こする状況などもそうですけど、私の考えでは諸悪の根源は財政均衡主義にあります。日本は世界一の借金大国なのだから云々という話ですね。

はっきり言います。**日本に財政問題などありません**。なぜなら、日銀が国債を買い取っているからです。では、その買い取り規模はどのぐらいか。日銀が通貨を発行するときに買い取る債権は3つあります。国債と財政投融資特別会計国債、そして国庫短期証券。いずれも日本の国債です。それらを日銀がどのぐらい買い取ったかというと、白川方明前日銀総裁の時代ですでに約98兆円保有していました。今は約170兆円です。つまり黒田東彦総裁の時代になってから、国債買い取りで政府の借金を約70兆円分消してしまったわけです。もし、この70兆円が全部モノやサービスの消費に回っていたら日本のGDPは約14パーセント成長していた。だけど、そうはいかなかった。やはり金融政策だけでは限界があるのです。アベノミクスは第二の矢として財政出動もやりましたが、公共事業が人手不足というボトルネックにより行き詰まりになってしまった。今は政策的にはやや手詰まり感がありますね。

渡邉　量的緩和というのは効果ゼロではないのです。1つは資産インフレが起こる。もう1つは、おカネの量が海外との比較において増えるから通貨が安くなる。それで、為替効果で円が10パーセント安くなるとGDPを単年度で0・3パーセント、5年継続で2パーセント押し上げる。プラスアルファとして円が安くなる分、企業の対外資産の評価額が時価評価上で改善されるということもある。ですから、円が１ドル＝80円を割ったら潰れるかもしれないと言われていたシャープや松下が何とか生き延びることができた。そういうバランスシート改善効果というのもあります。

三橋　いま渡邉さんがおっしゃった資産効果とバランスシートの掃除、また円安による輸出増というのは、２０１３年の前半には確かにありました。ただ、後半に失速してしまったのですよね。株価が高止まりして、円も１ドル＝１０５円ぐらいでストップしていますでしょう。

渡邉　一番のボトルネックは、アメリカのいわゆるテーパリング（量的緩和の縮小）による9月以降の世界経済の減退でしたね。

三橋　そこで問題になるのが、テーパリングの影響をどう見るかです。テーパリングって、要するにアメリカの金融引き締めでしょう？　理論的には本来、より円安になるはずなのです。ところが、現実的にはそうはならない。新興経済諸国からカネが引き上げられてドルに戻り、ドル高になる。ここまではシナリオ通りです。でも、ドル高になると、なぜかそれ以上に円高に振れてしまうのです。ここが不思議なところです。そして、円高になると、日本では株価が下がる構造になってしまっている。

渡邉　これはサブプライムショック以降、顕著になってきた傾向なのです。世界的にリスク傾向が高まると、必ず円が高くなるわけです。それはつまり、世界の投資家が円を安全な投資対象、いわゆる資金逃避の対象としてみているということです。この世界の投資家たちの日本に対する評価をどう考えるかが重要。だって日本の借金を云々する人は多いですけれど、本当に日本が危ないと思ったら、海外の投資家は円など買いませんよ。

三橋　そう。日本の借金が本当に深刻なのであれば、当然、金利が上がるはずですから。

渡邉　上がりますね。しかし、どこかの国がデフォルトしそうになったり、主要銀行が潰れそうになったりして世界経済のリスクが高まると、そのたびに円が高くなって日本国債の金利が下がるわけです。

三橋　**そこが非常に重要なポイント**です。たとえば安倍政権の主要なブレーンの一人である経済学者の浜田宏一氏などは、マンデル・フレミング・モデルに基づいて財政出動に反対する傾向が強い。安倍さんは、その影響をかなり受けています。マンデル・フレミング・モデルというのは、かなり単純な図式です。財政出動すると国債を発行することになる。すると国債の金利が上がり、通貨高になる。結果、輸出が減るので財政出動による所得の喪失効果を相殺してしまう——要するにそういう理屈です。ところが日本は財政出動云々の前に、すでにしてデフレで円高なのです。加えて、渡邉さんがおっしゃったように円は世界でリスクが高まったときの資金の逃避先になっているわけですから、もう何が起きても円高になってしまう。浜田氏たちの理屈に従えば、たとえばアメリカがテーパリングを実施すれば円安になるはずなのに、事実は逆で円高になる。一方、どれだけ財政出動しようとも国債金利は全然上がっていかない。とどのつまり、マンデル・フレミング・モデルは、デフレ下の日本ではまったく成立していないのです。

そもそも浜田氏の持ち出したモデルというのは、経済規模の小さな国にしか適用できないモデルなのです。シンガポールあたりになら適用できるでしょう。しかし、**日本に対してはまったく当てはまらない**。それなのに、無理矢理適用させようとしている。なぜなのか。うがった見方をすれば、財政出動を止めさせた上で、このままだとデフレがさらに深刻化しますよと政権を脅し、金融緩和をさらに拡大させようとしているのではないか。そうするとますますカネ余りになって、株式とか土地売買で儲けたい人たちが得をすることになる。浜田宏一氏がそうだと言っているわけではありませんよ。さすがに、そこまでは言いません（笑）。ただ、私が**デフレは貨幣現象ではない、総需要の不足が問題なのだと**しつこく説いているのは、この問題に通じるからなのです。

マンデル・フレミング・モデル　マクロ経済学におけるIS-LM分析の枠組みを海外部門に導入した開放マクロ経済学のモデル。固定相場制や変動相場制における金融政策や財政政策の国民所得に与える影響について、理論的なモデルを提示するもの。

渡邉　ですから基本的に経済学というのは後付けの理論でしかなくて、喉元で起きた現象に対して無理やり数式を当てはめようとするところがある。経済学とは経験則なのです。私に言わせれば、先ほどの話なども昔のことわざを持って来れば説明がつく。つまり、**「安物買いの銭失い」**という（笑）。三橋さんが挙げられた国際競争力の話にしても、要は単純なことなのです。一物一価という経験則で片付く。同じ機能を持ったモノの価格は、国際的な敷居を失くしさえすれば、結局、同じ値段に収束していく。水は高きから低きに流れるわけですから、日本が先進国であるという前提を除き、敷居を外せばいいわけです。しかし、日本が先進国である、高きにいるという前提で敷居を外したら、国民が落ちるだけということになりますので、こんなものプラスになるわけがない。

三橋　まさに底辺への競争が生じてしまう、と。ですから、日本人は中国人と同じ給料で働くことになるのでしょう？　最悪――という言葉を使うと語弊があるかもしれないけれど――超インフレに見舞われたジンバブエ人と同じ給料で働けばいい、と。国際競争力というのは、要はそういうことですよね。

資金の短期化が問題

三橋　まあ、こういう話をすると、頭の良い人はすぐにユニクロの柳井正さんを思い浮かべるでしょうけれど（笑）。私は何も柳井さんを悪く言いたいわけではないのですが、でも経営者自身も中国人と同じ給料で働くのかといったら、現実的に決してそうではないわけでしょう。

アメリカのＣＥＯなどは一般従業員の３００〜４００倍の給料をもらっています。とくに問題なのが、会社の役員や従業員が一定期間内にあらかじめ決められた価格で自社株を購入できるストックオプション。給料の中にストックオプションが組み込まれている点が、まさに**グローバル資本主義の大問題の１つ**です。私、一時期外資系ＩＴ企業に所属していまして、そこでストックオプションを持っていたのです。もちろん経営者ではなく、一般従業員でしたが。それで、社員にストックオプションを持たせると、もう全員が毎日仕事もせずに株価ばかり見ているという実態をよく承知しているわけです。**私もそうでしたか**

ら。

私の持っていたストックオプションは行使までに2年かかるモノでしたので、2年後に全部売却して、少しだけいい思いをしました。けれど、私は実は何もしていないわけですよ。ただ株を売っただけ（笑）。

まあ、それは余談ですけれど、とにかくストックオプションを導入すると経営者が株価こそすべてのように考えがちになる。そうすると、短期の視点でしか経営できなくなるわけです。株主資本主義とやらで、株主に「利益を出せ、配当を増やせ」とせっつかれたら、派遣社員や非正規社員が増えていくのは当たり前なのです。本来は、政治がそれを規制すべきでしょう？　しかし、事態は逆の方向に動いてきました。労働者派遣法を緩和して派遣社員を拡大するということが、80年代の中曽根康弘政権以降、ずっと行われてきた。中曽根政権、橋本政権、小泉政権と、全部つながった話なのです。

渡邉　今の話につなげて言えば、資金の短期化の動きというのもあるわけです。サブプライムショックにより何が壊れたかというと、長期資金が壊れたわけです。保険という、金融の中では最も長期のおカネを扱う分野が壊れた。ちなみに、いちばん短期の資金がヘッジファンドに代表される投機筋が扱うホットマネーです。中長期の資金が壊れたことにより、アメリカでは量的緩和をしてもおカネが短期資金のホットマネーにしか流れないという状況が生じた。それで同国は長期国債を買って短期国債を売るというオペレーション・ツイストを実施し、政府が長期資金を提供したわけです。そうしないと、企業が中長期のビジネスを展開できないからです。三橋さんがおっしゃったように四半期型のビジネスモデルだけになってしまう。ですから、政府が民間のおカネの流れを長期化させることによって、企業の経営視点を長くしていくという作業もやっているということです。

三橋　日本はどうなのですか？

渡邉　日本も今回、年金資金にインフラを買わせるという作業をやるみたいですね。ただ海外のインフラ事業にも支出するようなので、問題はありますね。日本の年金資金は、日本の資産に投資するのがいちばんいい。

三橋　短期の視点での経営というのは非常に問題ですね。労働の質を下げ、ひいてはモノやサービスの質を下げてしまう。当たり前の話ですけど、**派遣社員や非正規雇用の人たちって、おそらく真剣に会社のために働こうとはしないでしょう。**なったことがないから、わからないけれど（笑）。正社員と比べたらモチベーションが全然違うはずです。会社への帰属意識やロイヤリティ（忠誠心）は言わずもがなでしょう。派遣社員や非正規雇用の人たちは、「私はこの会社の人材という資産になる」とは思わないはずですから。ということで、企業そのものの質が下がってしまう。

もう1つ、長期の投資ができなくなるという問題があります。技術開発に投資する際には、30年とかのスパンを見なくてはならない。しかし、いま投資すれば30年後に花開くかもしれない技術に、四半期の利益しか見ていない経営者がカネを出すかといったら出さないでしょうし、株主も認めないでしょう。とはいえ、現在の日本も含めた先進国の快適なインフラというのは、50〜60年前の長期投資の果実であるはずなのです。そう考えると、いま長期投資ができない状況というのは、50〜60年後を見据えたときに大変な懸念材料だと思うのです。

渡邉　その通りだし、一番問題になるのが技術継承です。派遣社員や非正規労働者には、企業は技術継承型の社員教育は間違っても施さないでしょう。彼らは、言葉は悪いけれども使い捨ての一般作業員ですから。

三橋　そうした問題点を指摘すると、竹中平蔵たちはこう言うのですよ。「要は人材を外から買ってくればいいじゃないか」、と。技術に関してもそうです。「そんなもの、外から買ってくればいい」。おそらく、そうした理念を最もよく体現しているのが、他社の製品を分析して製品を作るリバース・エンジニアリングを標榜する韓国のサムスンなのでしょうけれど。知的財産権をまったく無視しています。

渡邉　誤解をおそれず極論を言えば、一生ファストフードのハンバーガー・チェーン店でハンバーガーを焼いて生活していきたい人って本当にいるのでしょうか。そういう人たちばかりならば、技術継承の問題など生じない。しかし、**「自分は時給900円でハンバーガーを焼いていればいい」**という人たちがあふれ、そういうファストフード的な単純労働を提供する産業ばかり増えてしまえば、国家のベースはどんどん弱体化していき、安っぽいものになってしまいます。

三橋　マクドナルドが日本に入ってきたとき、「マニュアル化」という言葉が盛んに喧伝されたじゃないですか。まさに、そういう話でしょう。誰でもマニュアル通りにやればそれなりの仕事ができますというのでは、人材の進歩、向上心を止めてしまいます。働く者に自分を向上させるという意識がなくなってしまう。

　もう1つ言えば、デジタルマイスター制度というのがあります。これは職人の技などをデジタル化して誰でも共有できるようにしようとする動きの中で生まれた制度です。２００４～２００５年ぐらいにはずいぶんもてはやされていました。私も当時、単純にすごいなと思ったのですが、いま考えるとあれもマクドナルドのマニュアル化と同じ発想なのです。日本には職人たちの凄い技術があって、それは本来、若い世代に継承されていくべきなのだけれど、教育が面倒臭いからデジタル化して誰もが簡単に共有できるようにしてしまえ、という考えです。このコンセプトを突き詰めていくと、最終的にはどんな技術も機械に任せられるようになりますから、人間が要らなくなってしまうわけです。すると、なんか共産党みたいな言い方で嫌ですけど、資本主義において最も望ましい経営、すなわち**人件費不要の経営が実現できる**ことになる。

渡邉　しかし、それはあくまでSFの世界の話です。実際には職人さんの経験則というのは非常に重要で、たとえば金型などを0コンマ何ミクロンで削る作業というのは、決して機械に置き換えることはできない。そうした意味で、日本は「人財」――人こそが財産であるというコンセプトの重要性を改めて認識すべき時期に来ています。

デフレは放っておいても克服される

渡邉　人財ということに関して申し上げると、日本は今、人手不足の時代を迎えています。

このとき、社会全体は何を考えるべきか。一人あたりの利益高を上げるしかない。そのためには、正当な利益が出る社会をつくるしかないわけです。しかし、デフレマインドが蔓延している状況ではそれは構造的に不可能です。縮小型のデフレスパイラルから拡大のスパイラルにレジームチェンジしなければならないこの時期に、アクセルを踏みながら消費増税で思い切りブレーキを踏んでしまうのは、本当に危険だと思います。

三橋　今の渡邉さんのお話は大切なポイントをついていると思います。ただ、国際競争力を言う人たち、グローバルに儲けましょうと唱える人たちにとっては、日本が縮小方向に向かうのはむしろ好都合なのです。なぜなら、賃金が下がると人件費を圧縮することができる。では、技術はどうするのかと聞いたら、外から買ってくればいいと答えるわけです。そういう問題が1つある。

さらに消費増税に関連してもう1つ言うと、日本という国は2~3年後には放っておいてもデフレを脱却してインフレになっていると思います。さきほどから渡邉さんが強調されていますけれど、生産年齢人口と高齢者人口、すなわち供給する人と、需要でしかない人たちの人口を比べると、後者が大きくなるわけですから。結局、デフレというのはどういうことかと言うと、単純に供給の過剰なのです。ですからデフレ期になると企業はリストラをする。リストラ＝人員削減というのは供給力を削ぐということです。でも、これからの日本は放っておいても供給力が縮む一方、高齢者の増加と東北の復興などで需要が爆発的に拡大していく。こうしてアベノミクスなどとは関係なく、ひとりでにデフレを脱却していきます。要は、需給のバランスの問題ですから。

渡邉　そう、社会構造の変化によるデフレ脱却というのはあり得ます。加えて、消費増税をめぐる議論の補足として少しポジティブな話をすると、前回の橋本政権下での消費増税と今回との状況的な相違というのがある。それは、今は購買が多様化していることです。長引くデフレの中で、購買がインターネットの通販をはじめ多チャンネル化しているわけです。すると、前回の増税では3パーセント引き上げの影響がもろに3パーセント分出てしまったわけですけど、今はすでに販売チャンネルによっては2割〜3割のディスカウントは当たり前になっている。誰もが安いチャンネルからモノを買うことが、当たり前になってきているわけです。それを考慮すると、消費増税してもそれほど影響が出ないことも考えられる。

三橋　それもあり得る。しかし、もう1つ問題がある。今の中小企業というのは、渡邉さんも私も大嫌いな大規模小売店――イオンやセブン&アイホールディングスなど――の傘下に入ってしまっています。すると、流通の余りにも巨大なパワーの前に、消費増税したとしても中小企業がモノの価格を上げられるのかどうかという問題があります。

渡邉 そう、要は寡占化しているわけ。やはり流通というのは本来、地域別シェアに応じてきちっと分けて多様化させなければならない。そうしないと、中小の生産者が商品を納入する先がなくなってしまう。全国チェーンの大規模小売店の場合、商品をたとえばロットで10万個以上作れる生産者でないと納入できない状況にあります。一方、零細の地域スーパーの場合、仕入れ量が少ないですから地元の企業から買う。ですから、需給のバランスが取れていたわけです。大規模小売店の寡占により、これが壊れてしまうと何が起こるか。流通側が圧倒的に強いから、地域の中小企業が買いたたかれる状況が生じる。結果、ますますデフレが進むことにもなりかねない。

三橋 独占禁止法というのがあるじゃないですか。あれって、どうして大規模小売店舗立地法に基づくイオンなどの地域独占に目をつぶっているのでしょうか。独占禁止法の本来の概念から言えば、野放しにしていいわけがない。まあ、小泉政権以来の規制改革の結果と言ってしまえばそれまでですけれど。

渡邉 それと、アメリカからの要求という要素もあります。ウォルマートなど彼の国の大型スーパーが日本市場に参入できないのは、規制のせいだとせっついたわけでしょう。車でも何でもそうですけれど、入ってこられないのは**単純に自分の努力が足りないから**ですけれどね。でも、彼らは非関税障壁のせいだという。

三橋　そんなこと言ったら、日本語そのものが非関税障壁ですけれどね。私は最近、言葉の問題についてもいろいろ考えているのですけれど、日本語によって守られている職業というのは多いですよ。その代表が今ここにいる編集者の方々（笑）。だって、韓国や台湾の編集者がもし日本語ペラペラだとしたら、単価は向こうのほうがずっと安いわけですから、版元は編集作業などの仕事を向こうに投げますよ。まあ、出版がいちばんわかりやすいので例として挙げましたけれど、そのほかにも日本語という壁によって外国人労働者との競争から守られている職業というのは数多くあります。これって既得権益なのでしょうか？

●大規模小売店舗立地法の問題点

日本では昭和40年代からいわゆるスーパーマーケットなどの大型商業施設の出店が急増。それに対抗する地元商店街による大型商業施設の進出反対運動も盛り上がりを見せた。そうした状況を受け、1973年に制定されたのが大規模商業施設の出店に一定の歯止めをかける大規模小売店舗法（旧大店法）である。

一方、平成10年に制定された大規模小売店舗立地法（大店立地法）では、旧大店法とは異なり、大型店と地域社会の融和の促進を図ることを主眼としている。このため、審査内容は車両交通量などの周辺環境の変動を想定したものとなり、出店規模に関してはほぼ審査を受けなくて済む。大型商業施設にとって有利なこの法変更により、近年では各地で大型資本の出店が活発化しており、地方では既存の商店街がシャッター通り化する事例が増えてきている。

渡邉　やはり非関税障壁じゃないですか（笑）。まあ、なんでもかんでも規制を取り払えばいいわけではないということで、第五章ではどうしたらいいのかというソリューションの話をしましょう。

第五章

真に「国民経済を取り戻す」ために——

潜在成長率は4%以上ある！

格差拡大型の経済は長続きしない

三橋　日本論の後半は、まずＴＰＰの話題からお話しましょう。この問題はすでに一頃のように騒がれなくなりましたが、要は簡単なことなのです。関税をなくして、さらには非関税障壁もなくしましょうというルールづくりにすぎないのです。もっと言えばアメリカにとって不利になる非関税障壁をなくしましょうという話です。ルールを変更、統一してね。私に言わせれば、そんなこと言うなら「**アメリカ人は日本語を話せよ**」となるのですけれど。

渡邉　一昔前、「グローバルスタンダード」という言葉を使う人がよくいたけど、つまりあれも単なるアメリカンスタンダードだったわけです。

三橋　そうです。言語一つを取ってみても、なぜ英語だけが国際言語として認められるのか。この彼我の非対称性は何かということを突き詰めなければならない。

渡邉　留学体験を持つフルブライターたちが属するグループ（階級）の主張が、世界のスタンダードとしてまかり通るという不条理な状況なのです。フルブライトというのは、フ

TPPのメリット・デメリット

太平洋をとりまく12カ国で交渉進行中

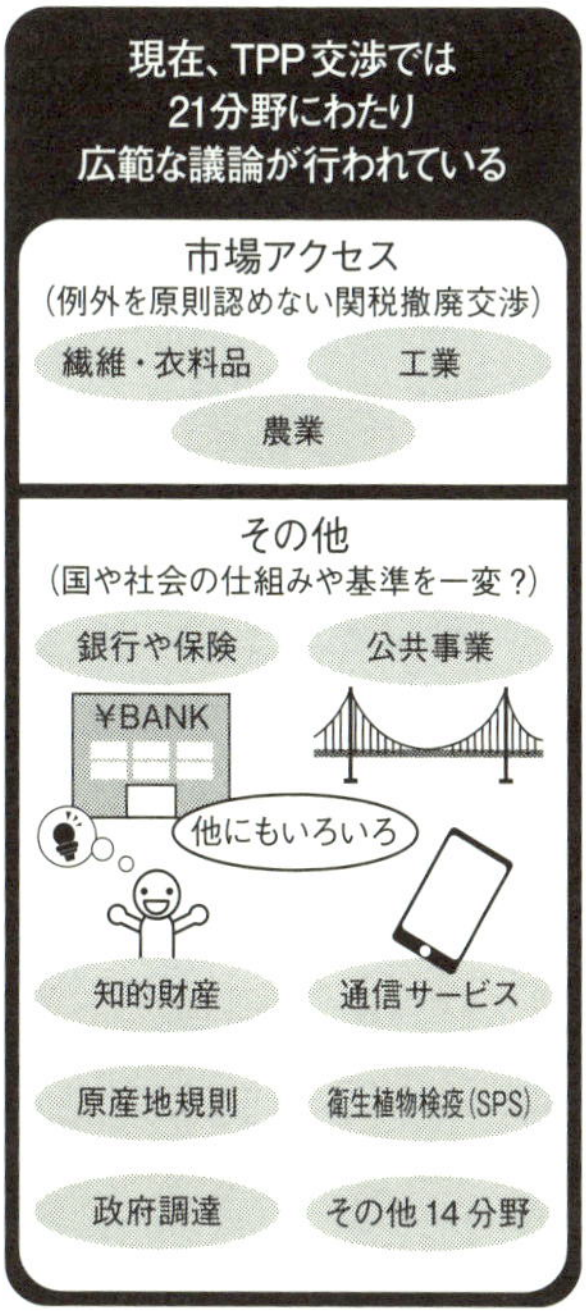

TPPとは、日本・米国を中心とした環太平洋地域による経済連携協定（EPA）の意味である。正式名称はTrans-Pacific Partnership(略してTPP）という。日本の安倍政権はこれへの正式参加を表明しているが、TPPへの参加にはメリットとデメリットがある。簡単にまとめてみる。

まず、メリットは大きく2つ。1つは関税撤廃により貿易の自由化が進み、製品の輸出額が増大すること。2つめは整備・貿易障壁の撤廃により、グローバルなサプライチェーンを持つ企業では企業内貿易が効率化すること。これらにより、GDPが10年間で2.7兆円増加するとの試算もある。

一方、デメリットはどうか。まず、安価な海外製品の流入により、デフレが加速することがあげられる。さらに大きいのは国内産業が脅かされること。特に農業分野のダメージは大きいと考えられる。また、仮にTPP参加に伴い、医療保険の自由化や混合診療の解禁が実現すると、国保制度の圧迫や医療格差の拡大などが生じることも懸念されている。

総じていえば、TPP参加にはメリットよりもデメリットの方が大きいといえる。慎重な議論が必要だと思われる。

ルブライト・アソシエーションが設けた奨学金制度。アメリカの国益に反さないという条件を付けた上で、給料までつけて奨学金を出す。このフルブライトを利用して留学し、アメリカで学位を得たフルブライターたちは世界中で活躍していて、各国の政権の中核を占めている。竹中平蔵もその一人です。そして、彼らは横のつながりをもって政治を動かしています。これがグローバリストと呼ばれる人たちの真実の一側面です。

三橋　いわゆるエリート層ですね。グローバリストたちの定義によるエリートですが。たぶん竹中平蔵や日本のフルブライターの官僚たちって、私たちとしゃべるよりアメリカのお友だちとしゃべるほうが話が合うのですよ。使う言語も英語だし、おそらく思考形式も同じなのでしょう。そんな彼らに刃向うと「グローバリズムに刃向うのか」と言われる。知りませんよ、グローバリズムなんて（笑）。もうキミたち上の世代だけで、グローバルしていてくださいと言いたくなる。私たちの世代は、放っておいてほしい。

渡邉　でも、放っておいてはくれないのです。ただ、彼らもかなり弱体化してきている。たとえばダボス会議においても、今年最大のテーマとされたのが格差の問題です。会議に参加した世界のエスタブリッシュメントたち――フルブライターとかなりの部分、重なります――が「格差を解消しないと俺たちが引きずりおろされるかもしれないぞ」と焦り出したという。

三橋　ヨーロッパなんか、もう完全にそういう段階に来ています。これは歴史の必然です。そもそも格差拡大型の経済というのは、格差縮小型の経済に比べて成長率が低いのです。これはもう歴然と断言できる。なぜそうなるのか。ハジュン・チャンというケンブリッジ大学にただ一人残ったケインジアン（ケインズ主義者）と言われる経済学者が詳しく分析しています。考えてみれば当たり前の話で、経済成長率がもっとも高まるのは、私たちが稼いだ所得を全部消費に回してしまうときです。それに近い状況が生じるためには、分厚い中間層が存在していて社会が安定していることが前提となります。そんなに大金持ちもいないし貧乏人もいない社会のほうが、格差社会よりずっと安定度が高い。そういう社会で、なおかつ社会保障が充実していて高齢者の生活が安定していれば、たとえ高齢化社会を迎えても内需は増えていく。皆が安心してお金を使えます。結果的に、着実な経済成長が見込めるわけです。

それに対して高所得層はやたらと稼ぐけれど、貧困層がマジョリティである社会はどうか。貧困層は生活のために所得をすべて使ってしまうでしょうが、所得の多くはほんのひと握りの上の層に吸い上げられてしまう。トリクルアップですね。

では上の層＝高所得層はどうか。彼らが使うお金にも限度がある。なぜなら人間というのはお腹いっぱいになったら、もうそれ以上は食べられません。そう言うと、「いや、高所得層の余剰所得、つまり貯蓄は国内に投資されるはずだ」と反論する向きもあるのですが、それこそ今やグローバルの時代じゃないですか。高所得層に所得を集めると、それが国内にトリクルダウンするかというと、そうはいかない。海外にお金が逃げて行ってしまう。ですから、グローバルの時代、もっと正確に言えば資本移動の自由が解禁された時代には、格差拡大型の経済は成長を続けることができないのです。

渡邉　ローマ法王のフランシスコ一世が２０１３年11月、シカゴ学派のベースになった新古典派経済学のトリクルダウンという思想に対し「間違っている」と明示しました。ヨーロッパでは、これは大変な影響力を持ちます。というのは、ヨーロッパというのはいわゆる宗教政党が多いのです。ドイツのキリスト教民主同盟などはその代表ですが、ローマ法王の言葉というのはキリスト教社会では政治を動かすだけの力を持ちえます。

三橋　ローマ法王はトリクルダウンの問題点を指摘するだけじゃなくて、「私たちはそれと戦わなければならない」とおっしゃいました。非常に強い言葉で非難したわけです。

渡邉　もともとかなり左寄りの方なので。日本で言う「左翼」ではなく、言葉本来の意味での左寄りですね。

三橋　日本に本物の左はいません。おそらく、私や渡邉さんが一番左寄りなのではないか（笑）。たとえば植草一秀さんや森永卓郎さんたちと私たちって、経済政策に関しては主張がほぼ重なり合っている。でも、彼らは私たちと一緒に活動できない。なぜかと言うと、これは植草さんご本人がおっしゃったらしいのですけれど「三橋さんは右派で、私は左派だから」ということらしい。経済政策に右派も左派もないでしょうと私などは思うのですが。だって経済政策というのはイデオロギーの問題ではなく、ただのソリューションでしょう？　しかし、その部分、彼らは頑《かたく》ななのです。

　まあ、左派の人たちにとってイデオロギーの問題が大きいのはわかります。ですから、彼らは原発には絶対反対。公共事業に関しても――植草さんのお考えはわかりませんけど――たとえば共産党は反対。公共事業をめぐっては先般、共産党の小池晃さんとテレビの討論番組でやりあう機会がありました。私が「整備新幹線はいいじゃないですか、便利になるのだから」「高速道路のミッシングリンクをつなげることに何の問題があるのですか」と正論を述べたら、「いや、それは絶対にダメだ」と断定する。「じゃあ、今のように高速道路をいったん降りて一般道を走り、再度、高速道路に乗り直すような状況をどう改善するのですか」と問うたら、「別にそれでいいじゃないか」とあっさり言われた。ダメでしょう（笑）。なぜ共産党はかくも公共事業が嫌いなのか。理由は、おそらく簡単です。今の状況で自民党が公共事業を拡大させると、日本はデフレを脱却してもとの経済成長路線に戻ります。3～4パーセントぐらいの経済成長は軽く実現できる。そうなると、貧しい人が減って共産党の出番がなくなってしまうのですよ。

渡邉 自分たちへの支持率が下がってしまうわけですね。

三橋 そう。それ以外に考えられない。

渡邉 野党が支持を集めるには、国民の不平不満が高まっていなければならない。そうならないと現政権は引っくり返らない。

三橋 たぶん、そういう理由なのですよね。そして共産党は社会保障を充実させろと盛んに主張するわけだけど、彼らの言う社会保障って、単に生活保護を受給する人をもっと増やせということなのです。日本の生活保護受給者数は率としては他の先進諸国と比べて少ないなどと、わけのわからないことを言っています。そんなものを他国と比べてどうする（笑）。でも、よく考えると、生活保護受給者というのは共産党の支持母体になるわけですよ。

渡邉　支持母体にもなるし、中には生活保護受給者の支援団体をＮＰＯで作って**生活保護ビジネスをしていらっしゃる人もいる**わけです。

三橋　そういう点で、共産党はダメだなと思わざるを得ない。確かにＴＰＰ反対とか正しいことも言っています。あるいはデフレ脱却のためには、企業が蓄えている内部留保を使わせなさいというような、ちゃんとした分析もしています。だけど、具体的な処方箋となると、企業に強制的に賃上げさせなさいとか無茶なことを言い出してしまう。それなら公共事業でいいじゃないですか。**なにを面倒臭いこと言っているのか**。

渡邉　内部留保に関しては誤解している人も多いようですけど、共産党的なレトリックだと、ぜんぶ現金であるかのように見えてしまいます。ところが実際には、そのほとんどが生産設備などの資産なのです。

三橋　もちろんそうですけれど、額的には２３０兆円が現預金ですよ。残りが固定資産でしょう？

渡邉　その評価は難しい。たとえばソニーや松下、シャープが潰れなかった理由というのは内部留保を蓄えていたためです。それがセーフティネットになった面が大きい。

三橋　うん、確かにそうです。企業の内部留保というのは、やはりデフレマインドのなせる業ではなかったか。いざというときが怖いので、企業は投資に回さず預金してきたわけでしょう。

渡邉　**二宮尊徳的な報徳仕法が蔓延している**感じがする。

三橋　金次郎の財政再建築・報徳仕法！（笑）。なるほど、そうですか。

渡邉　これがなかなか馬鹿にならない。報徳仕法を信じている人って、日本の財界人にも多いですからね。節約して蓄えを持っておけば、いざというときに助かるという二宮尊徳の思想は鎖国型経済では正しい（笑）。

三橋　まったく同じことをアメリカ独立宣言起草者の一人ベンジャミン・フランクリンも言っていました（節約 自他に益なきことに金銭を費やすなかれ。すなわち、浪費するなかれ＝「フランクリンの十三徳」より）。

渡邉　ただ今の日本は鎖国しているわけではないので、そこが問題ですね。

グローバリズム経営は企業の首を絞める

三橋　渡邉さんからソニーという企業名が出ましたけれど、私が思うに、もっともグローバリズム的な経営を実践し、凋落してしまった企業がソニーのような気がします。ソニーって家電もパソコンも手放してしまったでしょう。今、何が基幹事業なのですか？

渡邉　生保や銀行といった、いわゆる金融ビジネスでしょう。

三橋　まあ、コンテンツ産業と金融ですよね。でも、私たちが知っているソニーって、ワクワクするような家電製品を創るメーカーだったわけじゃないですか。それがどうしてこうなってしまったのか。はっきり言って、私はハワード・ストリンガー（元ＣＥＯ）が悪いと思っています。彼、２００５年に最高経営責任者に就任すると同時に大胆なリストラを実行して、大量の技術者を解雇した。人員削減によって短期的には利益が出るから、ストックオプションを保有していたストリンガー氏はホクホクだったはずです。しかし、それによってソニーのレーゾンデートルは完全に死んでしまった。

渡邉　ソニーとナショナルって日本の二大家電メーカーと言われていました。でも互いに個性が１８０度違う秀逸なライバルでした。ソニーも今は業績が悪いけれど、ナショナルも凋落した。その原因は、社名をパナソニックにしたことだと私は思っている（笑）。伝統ある松下の名前を捨てて、「世界に通用する」という名目でわけのわからない社名にしたせいだと感じている。それはまあ、半分冗談ですけど、両社ともカリスマ創業者がお亡くなりになって凋落していったように感じます。

三橋　たとえばウォークマンとか、ＰｌａｙＳｔａｔｉｏｎとか、ワクワクするようなソニー製品って、この10年で何かありましたか？　ＶＡＩＯには多少感じたけれど、それでも小粒ですよね。私は本当に悲しいですよ。日本を代表する企業が、完全にグローバリズムによって潰されてしまった。

渡邉　それは医薬品分野でも同じです。ジェネリック医薬品というのがあるじゃないですか。要は、単価の安い後発医薬品です。それが主流になると、医薬品メーカーは新薬を出しても儲からないから研究開発をしなくなってしまう。医薬品の開発には多額の先行投資が必要なのに、それでも新薬が高い単価で売れる状況があったためにペイできていた。それなのにジェネリック医薬品がそのサイクルを殺してしまったわけです。この行き過ぎたコスト意識が日本企業全体をむしばんでいます。

三橋　医薬品分野には詳しくないけれど、開発投資減税とかの税制の効果はないのですか。また政府との共同開発というのもあるでしょう。まあ、共同開発といっても、たとえば武田薬品工業の技術が核になり、そこに政府の公務員が一人だけ行って金を管轄するという形ですけれど。それでも研究開発費の半分を政府が出すわけでしょう？　ただしそれをやると、アメリカが非関税障壁だと言ってくるわけですけれど。

渡邉　研究開発に政府が入ると、船頭が多くなってしまって結局、上手くいかないようですね。

三橋　金は出すけれど口は出さないという態度が大事なのですけどね。日本政府はなぜ、それができないのかな。

経済成長よりも大事な問題

三橋　政府の話が出てきたところで、法人税減税の話題に移りましょう。たとえば賃上げ減税とか開発投資減税、あるいは設備投資減税——これらは何の問題もありません。企業は減税分の金を人件費や設備投資に回し、国内で使うわけですから。しかし、いま企業とそれを後押しする新自由主義者たちが求めているのは全面的な、条件なしの法人税減税なわけです。これは大いに問題がある。そのことを語る前に、経済学的な知見を押さえておきましょう。

　まず新古典派、あるいは新自由主義的な経済政策を提唱する人たちは、税金そのものが嫌いなのです。税金を納めても政府はろくな使い方をしない、ということを前提にしている。彼らが理想としている税制は法人税ゼロ、所得税もゼロ。それでどうやって国家運営していくのかというと、人頭税で財政をまかなっていくのが究極の理想です。たとえばユニクロの柳井正さんも私も一律で10万円の税金を払う。これっておかしくないですか！　民主主義の国では絶対に通りません。納税能力に関係なく一人当たりで定額の税金を課すなんて、そもそも古代から封建時代の税制です。

　というわけで、人頭税は民主主義国家たる日本では導入できない。その代りになるのが消費税です。財務省が消費税を導入したがるのは、それが安定財源になるからです。でも、新自由主義者たちはそうではない。要は消費税なら誰からも平等に税を徴収できるという点が肝なのです。そうして税金を確保した上で、法人税と所得税を下げさせたいと願っている。とくに所得税の累進課税を止めさせたいという思惑が、新自由主義者たちの主張の背景にある。その流れで、私がよく理解できないのが安倍総理の考え方です。消費増税と法人税減税という明らかに新自由主義的な政策を推し進めつつ、反対側で設備投資減税などもやろうとしている。やはり二兎を追っているような気が私にはするのです。

渡邉　政治手法ということで言えば、一番愚かなのが減税です。一番愚かで、一番簡単。

税の本来的な機能というものを考えて欲しい。それは所得の再配分の原資としてあるはずのものです。つまり豊かな人たちから多く取って貧しい人たちに配る。それによって中間層を広げ、購買層を大きくするというのが本来の税の機能です。その点を踏まえない減税というのは、政治テクニックとして非常に幼稚です。財源を考えなければ誰にでもできる。だから無責任な野党はすぐに減税を唱えますし、最近は地方自治体などもそれを謳っている。こんな幼稚なレトリックはありません。

ただ現状をかんがみると日本の社会構造の変化の中で、いま税制が所得税に偏重しているという部分は確かにある。なぜそれが問題かというと、やはり団塊の世代の大量引退によって労働者数が減ったという状況があるからです。所得税というのはその名の通り所得にかかるものであり、資産にはかからない。よって給与所得者が減っていく中で税金をどこから取ればいいのかを考えたときに、間接税のほうが資産を持つ高齢者から取りやすいという前提もあるということです。

所得税などの直接税の割合を減らし、消費税などの間接税の比率を増やす直間比率の変更という議論は、その前提を踏まえたものです。ただ単純な減税には大きな問題がある。いま政府が法人税減税をすべき理由の1つとして挙げているのはアメリカとのイコール・

フィッティング（競争を行う際の諸条件を平等にすること。同一産業のある企業だけに認められた優遇措置を廃止するなど）です。つまりグローバル経済の時代になり、企業がどの国に本社を置けば、納める税金をより少なくすることができるかを考え始めた。そのときに税率をアメリカとイコール・フィッティングさせておかないと企業を日本にとどめておくことができないというレトリックです。

三橋　アメリカは法人税率が高かったけれど、このところ下げてきていますからね。

渡邉　ええ、それに合わせて日本も下げようと動いているのです。歴史的に、日本はアメリカと法人税率をイコール・フィッティングさせてきました。今回アメリカが自国の企業を本国に留めておくために法人税率を下げた。それに合わせて日本も下げましょうというわけです。ただ、税率を下げて企業を集めるというやり方――タックスヘイブンなどに象徴されるものですが――には大きな問題がある。Ｇ20なども、よその国の企業から税金を獲る「税金浸食」に反対しています。それぞれの国での儲けにともなう税金は、それぞれの国で納めなさいという提言です。

三橋　麻生太郎さんが言っていましたよ、「法人税率の引き下げ競争をしてはいけない」と。その通りです。問題は安倍さん。２０１５年から所得税の最高税率を56パーセントまで引き上げるという、まともなこともやっている。その一方で法人税減税でしょう？　この矛盾をどう解釈すればいいのか。

渡邉　その矛盾は、おそらく党内勢力の矛盾なのだと思います。

三橋　なるほど、党税調の問題か。

渡邉　ええ、そこにまた諮問会議がさらに真逆のことを言い出すから、混乱に拍車がかかる。

三橋　でも、どうなのでしょう。日本の一般庶民って最高税率が上がることを知っているのでしょうか。関係ないとでも思っているのかしら。

渡邉　相続税も上がりますから、関係ないことはないでしょう。相続税の基礎控除が５０００万円＋１０００万円×人数から３０００万円＋６００万円×人数に減額されます。その代りに教育を理由とした子孫への贈与が１５００万円まで非課税になる。この部分は「税制改正大綱」を読むと、政府が何をしたいのかがよくわかります。ただ国会の議論と大綱に書かれた内容というのがかなり違っていて、たとえば高齢の富裕層にとって不都合な事実はわざと表示させていないのかもしれない。昔からの官僚的な発想で**「知らしむべからず」**ということなのでしょうか。でも、非正規雇用を正規雇用に切り替えると減税が

日本の税制の問題点

国民負担率の国際比較

【国民負担率＝租税負担率＋社会保障負担率】
［潜在的な国民負担率＝国民負担率＋財政赤字対国民所得比］
(国民所得比：%)

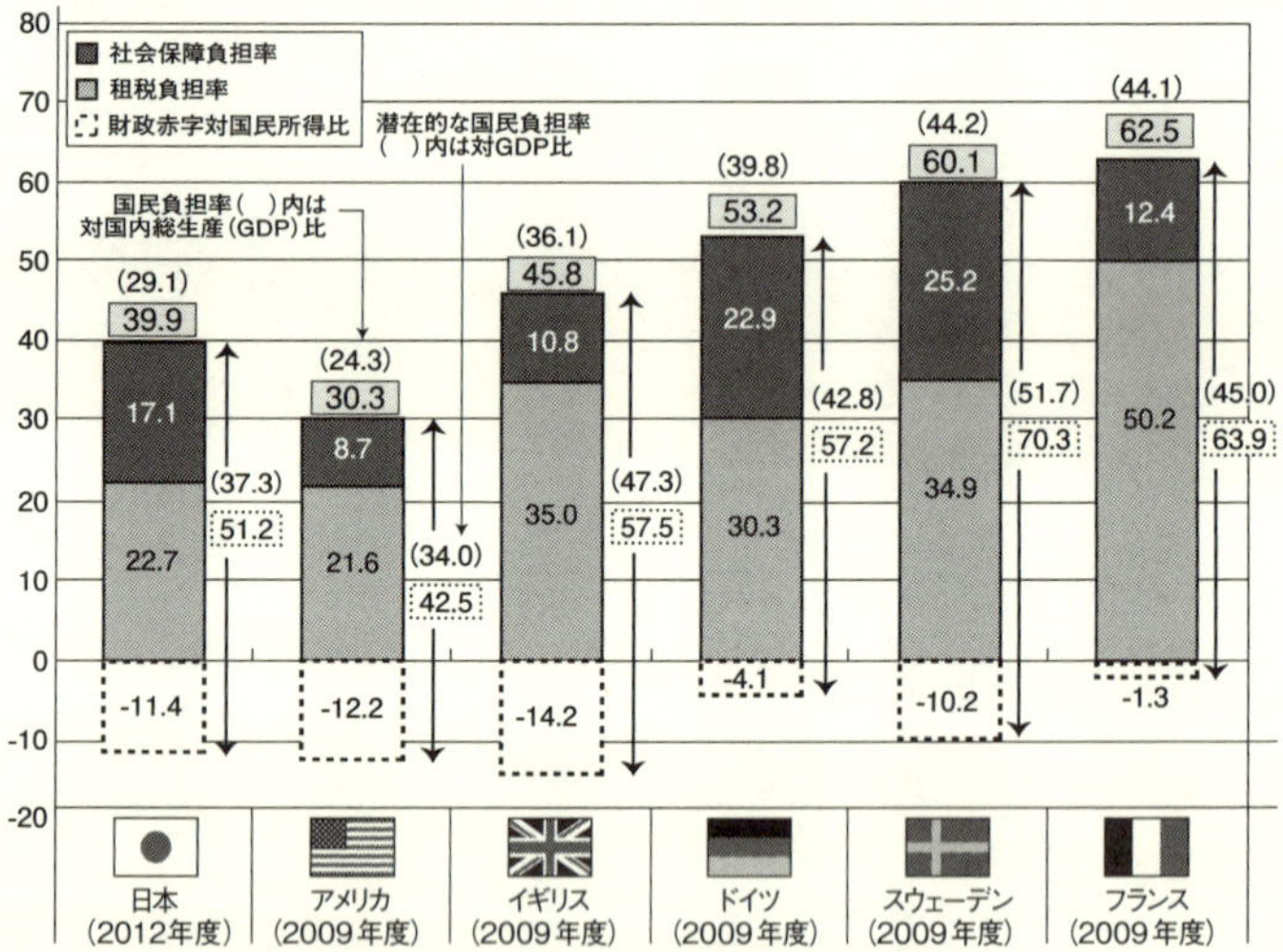

(注) 1．日本は2012年度（平成24年度）見通し。諸外国は2009年実績
2．財政赤字の国民所得比は、日本及びアメリカについては一般政府から社会保障基金を除いたベース、その他の国は一般政府ベースである。

出典：財務省

日本では過去20年間、個人金融資産が年32兆円増ペースで増え続けており、1500兆円規模を超えた。また、経済成長の速度は鈍ったとはいえ、GDPもマイナスになったわけではない。にもかかわらず、国税収入は減り続けている。税制のどこに問題があるのか。

1つは、個人所得課税がきわめて少ないこと。

日本の個人所得課税負担率は7．6%で、OECDで最低レベル。具体的にみると、アメリカは12.0%、イギリスは13.5%、ドイツは10.9%、フランスは10.3%、スウェーデンにいたっては22.2%。仮に個人所得課税を米国と同じ水準にすると、税収は16兆円増になると試算されている。

また、直間比率（個人所得課税負担率÷消費課税負担率）が米国などよりかなり低い点も問題だ。直間比率をOECDで高い順にみると、トップは米国で2.03%、日本は11カ国中5番目で1.10%である。米国の税収が安定していることをかんがみるならば、日本も直間比率を引き上げることを検討すべきだろう。

得られるとか、定期昇給を実現すると税制上の優遇措置を得られるとか、このあたりのことはもっと強く謳うべきだと思いますけどね。やはり、政治家としても税の話というのは、なかなかしづらいのかもしれない。

三橋　日本にとって一番良い税制は何かを考えると、私は普通に高度成長期の税制でいいのではないかと思います。あまり知られていないことだけれど、橋本政権のときに消費増税と同時に法人税減税が実施されたのです。まさに新自由主義的には〝正しい〟政策だったのですが、それによって日本は見事にデフレに突入し、結果的に税収も減ってしまったわけです。

渡邉　あのとき消費増税にともない物品税がなくなったので、富裕層にとっては有利な税制になったわけです。宝石や貴金属などの豪奢品にかかっていた高い間接税（別途税）が一律5パーセントになった。自動車だけに重量税などが残っているので、これをどうするかがまた議論になっている。

この税制との関連で、さきほど話題に上った経済特区の最大の問題点も浮き彫りになってきます。たとえば企業を誘致するための減税特区などを作ってしまうと、誰もがそこに本社を移してしまいます。そうすると、それまで企業の本社が置かれていた地域は軒並み財政破綻します。ですから、**特区などは決して作ってはいけません。**

三橋　そこは非常に大きなポイントです。たとえば経済効率や企業の利益だけを考えるのであれば、あらゆる企業が東京に本社をおくのがいいということになる。東京であれば、法人税を10パーセントに下げても十分に財政をファイナンスすることができる。ただ、そうしてしまうと、ほかの地域の企業が次々と東京に引っ越してしまい、各地で雇用が失われて、地方からの人口流出もさらに加速してしまう。それでも経済成長するならいいじゃないかというのが新自由主義的発想です。しかし、そこで経済成長よりも大事な問題が出てくる。東京への人口の一極集中がさらに加速し、その時点で首都直下型地震が起きたらどうなるのか。被害は想像を絶するものになるでしょう。そして、地方には東京を助ける体力はない。日本は常に地震という自然災害のリスクにさらされているのですから、これは経済成長などよりもランクが上の安全保障上の問題です。その点をかんがみるならば、各地がそれなりに経済成長して体力をつけてもらわなければ困るのです。

渡邉　その通り。いまの経済特区構想って、儲かっている都市圏をさらに儲けさせましょうという話になってしまっている。そうではなく、貧しい地域を活性化させるために特区を作るというのなら賛成できる。ベクトルが逆なのです。

実業の時代がやってくる！

三橋　その地方切り捨ての話ともつながるのですけれど、竹中平蔵たちの主張とは「衰退産業はもう放っておいて、成長産業に人を移しなさい」ということなのです。彼らの言う成長産業とは――その定義がよくわからないのですけれど――現状をかんがみるに、これからの**日本で急成長していく産業は、間違いなく土木・建設・運送**です。なぜかというと、これらの分野では需要が拡大していて、なおかつ人手不足だからです。少し微妙なところはありますけど、医療も今後の成長産業でしょう。

一方、需要が広がらず成長できそうにないのが農業です。それはともかく、今後の成長産業は竹中さんたちが描いているような世界に立ち向かっていくビジネス、グローバル・ビジネスの中にはない。確かに人の移動は起こっていますが、彼らの描く絵とは逆方向に向かっているのが皮肉です。

日本はモノづくりの国ですから、一番良いシナリオは製造業が再度、成長産業になっていくことです。しかしこの分野を伸ばすのには、うまい規制をかけて、多少は保護貿易チックなことをしないと厳しいかもしれない。なぜかというと、製造業というのは最終的には多くの部分がロボットに置き換わっていくからです。この動き、凄いですよ。

私は最近、痒み止め軟膏の「ムヒ」を製造している富山の池田模範堂の工場を見学させてもらったのですけど、生産ラインは全部ロボットに置き換わっていて、もう人はほとんど働いていない。ご存じの通り「ムヒ」というのはチューブの容器に入った軟膏で、作るのが非常に難しいと思うのですが、それでも生産工程はすべてロボットがやっている。そういうことを考えると、製造業の再興には最低でも2つの条件が要ると思う。1つは日本がデフレを脱却して中間層が所得を取り戻し、国内消費が盛んになること。もう1つは、先ほど言ったように保護貿易的な政策を取ること。たとえばエコカー減税というのも、ある種の保護貿易じゃないですか。環境条件を満たさないと税制上で優遇されませんよと謳っている。そういう政策をたくさん打ち出す必要があるのではないか。

渡邉　それと、最大の問題は知的財産権を徹底的に保護していくことです。いわゆる技術的な財産権も含めて、知的財産を外国に盗られることを防ぐ。同時に、国内でも知的財産盗用を阻む仕組みをきちっと構築する。これが本当に重要で、そうしないと「悪貨は良貨を駆逐する」ことになってしまいます。国内で企業に継承されてきた技術を盗まれない制度を作ると同時に、その技術が地域に産業として根付くだけの土壌をきちっと作らなければならない。

三橋　知的財産盗用で一番問題なのは中国・韓国です。結局、グローバルな問題になってしまう。この問題は、アメリカにかつてのパワーがあったらなんとか処理できるのでしょうけど、今はもうどうにもならない。知的財産権をめぐって日本は中国・韓国に対し、それこそ何兆円規模で損をしています。日本がまともな国だったら軍隊を送るとか、そういう話になってしまうくらい一大事なのです。

渡邉　一応、日本が主導して「偽造品の取引の防止に関する協定」を作り、先進国間では知的財産権を侵害しているモノの輸入を止めるという措置は講じられている。こうした協定をもっと厳格に運用するための監視体制が必要なのです。たとえばフランスにはパテントポリスという制度があって、海外で仏ブランドのコピー品が流通していないかをチェックして回っている。それに倣って中国をはじめとする各国で、日本製品のコピー品が出回っていないかを徹底的に取り締まらなければならない。さらに日本の税関職員を5倍に増やして、コピー品などは税関で全部シャットアウトするような措置も必要です。

三橋　それは一種の保護主義ですけれど、〝良い〟保護主義ですね。保護主義といえば、アメリカでも今、雇用の問題とのからみで生産拠点を国内に戻そうとする動きが生じてきている。知的財産の問題は、その問題ともつながりますね。

渡邉　つながります。新興国からの安価な産品――とくにコピー品など――の流入が自国の雇用を奪うというのは、先進国に共通の課題です。これをなんとかしようとすることで、先に挙げた「偽造品の取引の防止に関する協定」のようなものも作られたわけです。こうした協定を実効性のあるものにするためには、税関の職員を増やすとか、他国にパテントポリスのような要員を派遣するとか、そうした措置を講じていく必要があるのだと思いますね。

三橋　知的財産保護の観点が緩い新興国に生産拠点を移していく動きを後押ししたのが、それによって消費者が得をしますよというレトリックです。アメリカでも事情は同じ。ウォルマートなんか、そのレトリックを活用して大儲けした典型です。知的財産は守りません、国境もありません、一番安い地域で生産して大消費地である日本やアメリカに持って行って売りますよ、というビジネスモデルです。そうすれば確かにコストは下がりますから、利益拡大、利益確保がたやすくなる。このビジネスモデルって結局はグローバル・ビジネスのモデルですけれど、それがもう限界に来ていることを訴えていかなければならない。

ただ、そういうビジネスモデルに反発すると、「じゃあ自由貿易に反対するのか」とか、「経済鎖国する気なのか」とかいう極論が出てきてしまう。そんなこと言ってないじゃん（笑）。私たちは、日米欧の先進各国が国内の雇用をいかにして守るかという議論を醸成することが大切だと訴えているにすぎない。

渡邉　私がよく使うのは、「消費者が笑える社会」か、あるいは「生産者が笑える社会」か、というレトリックです。答えは簡単。消費の原資というのは生産側にあるのだから、生産が弱体化すると消費ができなくなるわけです。しかし日本は「消費者が笑える社会」を目指したがゆえに経済がデフレ化し、どんどん縮小していってしまったわけです。

三橋　その通りですよ。だって、生産者と消費者って同一人物ですものね。

渡邉　ですから「消費者が笑える社会」というのは間違っていて、**「生産者が笑える社会」になれば経済は確実に拡大方向に向かう**。

三橋　私の言い方だとこうなります。企業サイドに立つ、あるいは消費者サイドに立つという二者択一は間違いなのです。なぜなら消費者だって皆、企業で働いているわけですから、消費者の利得も企業も利得も結局は同じこと。したがって、単純に皆の所得を増やすにはどうしたらいいかを考えるべきだと思います。
国民の所得が増えれば生産も増える。生産が増えれば、それによって所得もさらに増える。そうすると消費も増えていくという好循環が生まれるわけです。ここがちゃんとわからない限り、どんな議論も無意味でしょうね。

渡邉　虚業ビジネスによる消費拡大社会が成立してしまったのが、そもそもの間違いなのです。虚業ビジネスをより正確に言えば金融ビジネスです。金融主導型社会の中で先進国の資産・資金が新興国に投資され、先進国にキャピタルゲインという形で金融利益が還元される。この利益が預金金利やファンドの配当という形で先進国の国民に還元される。国民はそれを元に消費をしてきたというのが、近年の消費拡大社会の基本的な構造です。金融が、新興国からお金を吸い上げるストローの役割を果たしてきたわけです。ところがリーマンショックによって、新興国からお金を吸い上げるというモデルが壊れてしまった。
先進国は、高い失業率という共通の悩みを抱えています。高失業率の原因は何かというと、新興国からの安価な産品の流入です。そこから生じる利益を先進国はこれまで、金融ビジネスを通じて吸い上げてきた。しかしそのパイプが切れてしまって、たとえば中国で生産した産品の利益が先進国に還流するシステムがもう働かなくなった。お金は戻ってこないのに産品だけ入ってこられたら、先進国にとってはこれほど迷惑な話はない。失業率が高まるだけになってしまう。政治家にとって一番怖いのはそこでしょう。

三橋　麻生政権崩壊の要因はそれでした。小泉政権からの負債を全部背負った上に、リーマンショックというトドメの一撃を食らってしまった。

渡邉　アメリカも状況的には似たようなものです。ですから米民主党が連続で選挙に勝ったことに象徴されるように、かなり社会主義的になってきている。

三橋　そこは少し異論がある。オバマも結局はウォール街の顔色をうかがうしかなくて、政策的にはかなり新自由主義的なことをやっています。

渡邉　ただ金融主導型の社会というのはもう〝終わり〟ですよ。私は「金融資本主義の終焉」と呼んでいます。

要は虚のビジネスか実のビジネスかということ。過去10数年、デフレの下で発展してきた産業というのは――金融であったり、バーチャルビジネスであったり、人材派遣業などというのもそうですけど――生産性のない虚業ビジネスの最たるものばかりだったわけです。

それに対してモノを作る産業――自動車産業や建築など――があまりにも軽視され続け

ていた。ところがここ数年、とくにアベノミクス以降ですが、そうした実業ビジネスがスポットを浴びつつある。実際、実業ビジネスが強いことこそが国家の根幹を生み出すのです。昔、「鉄は国家なり」（ドイツ宰相ビスマルク）という言葉がありましたけど、やはり実体産業こそが国家なのであり、そこが強くなることが大事なのだと思います。

実はここ数日（２０１４年3月）、非常に象徴的なことが海外で起こっています。韓国の浦項《ポスコ》という会社がインドネシアに一貫生産の鉄工所を作った。しかし、韓国のずさんな工事により、２０１３年暮れに火入れ式をやって2日目に工場が破損して生産が止まってしまったのです。鉄工所の高炉というのは一回火入れをすると、20年なりなんなり止めてはいけないのですよ。なぜかというと、中の鉄が固まってしまうからです。止まってしまうと中の鉄を冷やしながら全部取り除かなければならない。

三橋　ほとんど原発と同じですね。

渡邉　そうなのです。それでポスコは2ヵ月で元通りに動かせるなどと言っていたのですが、**つい数日前、工場が大爆発を起こしました**。おそらく鉄工所の操業は、もう不可能でしょう。インドネシアという国家にとって、これは大問題です。なぜかと言うと、もともとインドネシアは鉄鉱石の産地なのに、鉄鉱石そのものを売っても利益が薄い、儲からないから鉄工所を作り、そこで鉄板のような粗鋼に加工して売ろうと計画していたのです。そうした青写真の元、ポスコに一貫生産の鉄工所を作らせ、すでに海外との間で輸出契約を結んでいた。今回の事故により、それが全部キャンセルになってしまったわけです。インドネシアは違約金を払わなければならないし、彼の国は下手をしたら数年単位で事故の影響を受けるだろうと言われています。

実業ビジネスにはそういう厳しさがあり、確かな技術が求められる。だからこそ、技術の裏付けがある日本のような国には、実業に活路を見出せばさらなる発展を重ねていける可能がある。電気などもそうですよ。三橋さん、得意分野だと思いますけれど。

脱原発のナンセンス

三橋　得意分野です。**たぶん今、人生で一番得意かも知れない**（笑）。

まず電力のシステムからご説明しましょう。電気というのは貯めておくことが極めて難しいもので、皆さんが今使っている電気はまさにこの瞬間に発電されたものです。蓄電技術というのはあるにはあるのですけれど、それには大変なインフラが必要になり、しかも蓄電された電池は日々、劣化してしまう。10年ぐらいで使えなくなってしまうのです。したがって電気を貯めておいて使うというのは、現状ではまず無理。そのため、東日本大震災のときに日本国民は計画停電という痛い目を見たわけです。電気が使えないと、どうなるか。信号機まで止まってしまってなにもできなくなる。しかし喉元過ぎればなんとやらで、あれだけ思い知ったはずなのに、電気について非常にナメた考え方をする人たちがいます。「脱原発」とか「反原発」とかを唱える人たちのことですね。たとえば高名な音楽家の坂本龍一氏は、反原発のデモなどで演説をしています。私はそれを見ていたけれど、あのとき彼はマイクを使い、かつスマートフォンを見ながら演説していたのです。思わず、「それ全部電気だろう」とツッコミを入れたくなりました（笑）。いずれにせよ、電気を軽く見る日本人が多すぎます。

「脱原発」「反原発」の背景には、2つの問題があります。

1つは、左翼の人たちの問題。公共事業の嫌いな左翼は原発も大嫌いなわけです。

しかし、より本質的な問題は日本が脱原発する、あるいは原発を稼働停止にすることによって儲けている連中が海外に山ほどいるということです。わが国は原発を停めて以来、ガス代・原油代・プラスアルファで3・6兆円のお金を追加的に海外に支払っています。

わが国は、原発を停めたがゆえに、巨額の所得を失っているわけです。それらはすべて海外の所得になっている。

しかも天然ガスの売り手は、裏で手をにぎっています。マレーシアとかオーストラリアとかロシアとか国名をはっきり挙げましょう。だから、日本に対して天然ガスを安く売る売り手はいない。むしろ日本は足元を見られて、高く買わされている。日本に対する天然ガスのスポット価格は、30パーセント以上も上がってしまっています。

そういう状況の中、わが国では貿易赤字が拡大していて、ご承知の通り電気料金も上がってきています。私たちの所得がどんどん奪われているにもかかわらず、それでも「脱原発」「反原発」などと能天気なことを言う人たちがいるから困る。

「蓄電でなんとかなる」「自然エネルギーでなんとかなる」とか唱えながら、歌を歌ったりしている。なんとかなんて、ならないから（笑）。電力会社は仕方なく、建設してから40年以上経った古い火力発電所が原油を大量に浪費しながら動かしているわけです。もう、めちゃくちゃ非効率的。私などは一度、大停電を起こしてみればいいと思うのです。そうすれば皆、思い知るはずです。脱原発派はみんな「電力会社、なにやってるんだ！」と騒ぐに違いない（笑）。それはあなたたちが原発に反対するからだろうと笑ってやります。

本当に皆、甘えているのです。

渡邉　蓄電ということでいうと、今、一番効率的な蓄電システムが揚水発電といわれています。蓄電効率がだいたい30パーセントぐらい。

三橋　揚水発電は水を上に上げて落とすだけですからね。まあ、一種の蓄電池と言える。

渡邉　そうです。これが一番効率的と言われているものの、揚水発電施設も老朽化がかなり進んでいて、改修しようとするとやはり土木が必要になるのです。再三強調しているように、土木は今、人手不足が深刻です。このため改修しようにもなかなか手が付けられない状態にある。政府は揚水発電施設を再構築すると言っていますけどね。長野方面にいくと東京電力の揚水発電施設が結構たくさんあります。それらがだいたい築40～50年ぐらい。

三橋　そろそろコンクリがもたなくなってきていますね。

渡邉　そうです。火力発電に関してもインフラがもたなくなってきている。タービン炉などは三系統あるのが常ですが、２基を動かして１基をメンテナンスで休ませるのが基本。しかし真夏や真冬の電力需要が高まる時期には、３基同時に動かさざるを得ない。事情をご存じない方は「電力なんて余っているじゃないか」と気軽におっしゃるのですけれど、電力に余剰が出るのは春・秋の短い期間だけにすぎない。その他の時期はタービン炉３基を無理矢理動かしているわけです。原発が停まってもう3年経ちますから、いい加減、休ませないと壊れてしまいます。そして40年前の火力発電施設は一度壊れてしまうと、直そうにもすでに部品がない。

三橋　一度壊れたらアウトです。

渡邉　そういう事情を知らずに「脱原発」を言うのはナンセンスです。中・長期的に、徐々に原発を減らしていこうというのは、まあ理解できます。ただ何の準備も整わないうちに即刻、原発を停めろというのは暴論でしかない。たとえば火力発電所をリプレースメントする（新しい施設に切り替える）にしても、原発を稼働させてはじめて可能になることです。そう言うと「新しい土地に火力発電所を立てればいいじゃないか」などという反論が出てくる。でも実際に発電所の建設というのは、用地取得だけでだいたい10年はかかる。

三橋　そういう事情を皆、知らな過ぎるのです。補足的に言うと、原発同様、火力発電にも冷却のための海水が必要になるのですが、そう考えるともう日本には建設候補地がほとんどない。沿岸部以外に火力発電所を造ろうと思ったら、燃料を運ぶパイプラインが必要になります。欧州などで火力発電所が内地にあるのは、パイプラインのネットワークが、充実しているからです。ですから、火力に照準を絞って脱原発してもいいのだけれど、そのためにはガスパインプラインを日本中に張り巡らさなければなりません。ここでもまた、土木が必要になるわけです。

渡邉　ガスパイプラインを引くとしても、一体どこから？　という問題がある。現実的にはロシアから引くしかない。

三橋　いや、そうではなくて、私が言ったのは湾岸にガスをＬＮＧで運んできて、それをパイプラインで送るという意味です。

渡邉　なるほど。そうすると、ガスはどこかから買ってこなければなりません。

三橋　これまで通り、カタールなどから買ってくることになる。これがまた問題で、カタールのＧＤＰというのはだいたい12兆円ぐらい。それに対して、わが国の対カタール貿易赤字が３・５兆円。つまり彼の国のＧＤＰの４分の１ぐらいは日本が貢いでいる計算になる。

渡邉　次はアメリカのシェールガスじゃないですか？　おそらく。

三橋　そうでしょうね。ですから先の都知事選で脱原発を訴えた細川護熙や小泉純一郎の背後にいるのは、アメリカの天然ガス利権なのではないかと推測できます。

渡邉　細川さんはなにも考えていないでしょう。**小泉さんはかなり怪しい**（笑）。

三橋　なんらかのビジネスを背景にしているとしか思えない。まあ、ここは「としか思えない」ぐらいの表現にとどめておきましょう（笑）。

インカムゲインで稼ぐ時代

三橋　実業ビジネスに対して虚実ビジネスはどうなのか。私見では、虚業ビジネスの大元の部分というのは、キャピタルゲインで稼ぐという発想だと思う。いわば投機です。金を借りて資産を買い、その値上がり益で稼ぐ。これから訪れる実業の時代には、皆がインカムゲイン＝所得で稼ぐ方向に向かわなければなりません。例に出して悪いけど、堀江貴文さんというのはキャピタルゲインで儲けた人でしょう。虚業ビジネスの象徴的存在ですよね。そうではなく、きちっと働いて得た所得で稼ぐ方向にマインドを変えていく必要があります。キャピタルゲインに関しては、極論を言えば95パーセントの税金をかけてもいい。

渡邉　ただキャピタルゲインでそれをやると、資産インフレが起こらなくなる。資産価格が上がらないというのも問題です。

三橋　所得が上がれば資産価格もじりじりとは上がると思うけど、確かにスピードはがくんと落ちます。

渡邉　すると成長速度も鈍ってしまうので……まあ、要はさじ加減の問題かな。

三橋　さじ加減の問題です。さらに最大の懸案は資本移動の問題です。たとえば日本国内で法人税減税をして、結果、企業の利益が増えたとする。それを海外に持ち出されるぐらいなら税金をかけてもいいと思う。トービン税などはそうした発想ですよね。資本移動に対して税金をかけるというのは「国内で儲けたお金を海外に持ち出すのはおかしいでしょう。国内に投資しなさいよ」ということですから。要は金融規制の強化ですね。

トービン税　投機目的の短期取引を抑制するため外国為替取引に低率の課税をするというもの。ノーベル経済学賞を受賞したアメリカのジェームズ・トービンが提唱。ただし実現には至っていない。

渡邉　おっしゃったような状況が、昨年5月のＯＥＣＤ総会以来、Ｇ20の間では実際に起こっています。ＢＥＰＳ（Base Erosion and Profit Shifting）規制というものができて、いわゆる税源浸食に対して一定の歯止めがかけられた。その背景には、タックスヘイブンを利用して税金を払わないフリーライダー（対価を払わず便益を享受する）の問題があります。たとえば外国企業が日本で稼いだ金は、日本人の富を利用しているわけです。そこで税金を払わないで利益だけもっていかれてしまうと、確実に国土は衰廃しますよ。

三橋　やり方がずるいですよね。税金の安いところに本社を移転させて、ライセンス料という形で利益を移してしまうわけでしょう？　ライセンス料などといったらコンサルタント料と一緒で、無制限に金を持ち出せてしまう。残念ながら、そういう抜け道がいろいろあるわけです。

渡邉　ですからG20の間では、租税情報交換条約を結び、そういう問題に対して先進国同士が協力して対応しようという合意に達したわけです。今年9月までにルールを作って、２０１５年までに情報交換システムを完全に構築するというスケジュールになっています。

三橋　アマゾンが日本で税金を払わないのも同じ仕組みです。ライセンス料という形で法人税が10パーセント強のアイルランドに利益を逃がす。

渡邉　それは「ダッチ・サンドイッチ（Dutch Sandwich）」あるいは「ダブルアイリッシュ（Double Irish）」と呼ばれる手口で、アマゾンやスターバックスが使っています。アップルもそれで叩かれて、今、少し方向を修正しつつある。

三橋　**アップルがアメリカで税金を払っていない**のですか？　とんでもないな。

渡邉　あまりに叩かれたのでＭａｃＰｒｏからアメリカ生産を再開させたわけです。

三橋　はいはい。確かにそんなことがありました。

渡邉　おそらく日本の企業も同様の手口でやっているでしょうね。規模の大小はあるにしろ。

三橋　インカムゲインで稼ぐ時代の話をしましょう。所得で稼ぐ――ただそれを言うだけだと理想論で終わってしまいます。皆が所得で稼げるようになるには、企業に賃上げしてもらわなければなりません。今後は医療ワーカーやケアワーカーが確実に増えていくことをかんがみるならば、診療報酬や介護報酬も上げてもらう必要がある。そこで再び、財政均衡主義という壁が現われる。

再度、強調しますが、日本には財政問題などありません。実際、日銀が国債を買い取ることにより、政府の実質的な借金は年間30兆円ぐらいずつ減っているのです。しかも金利は世界最低で、有体に言えば日本国内は金余りの状態です。ということで、本当は安倍政権に日本に財政問題はないことを断言してほしかったのですけれど、なにしろ消費増税の理由が「財政問題」ですからね（笑）。なに言っているのだろう、この人たちは、という感じです。そこをなんとか突破しなければならないということが一点。

ただし今の状況を見ていると、消費増税のネガティブなインパクトがやはり大きそうだということで、財務省が「金使いモード」に入ってきている。これを機にぜひとも診療報酬と介護報酬の引き上げを実現させてもらいたい。この問題に関しては外国がからみませんので、政治家の決断1つでなんとかなるはずです。

渡邉　診療報酬や介護報酬を上げるという提案をすると、かならず「財源はどこにあるのか」という話になるでしょう。この財源問題について解決の方法はいくつもあるのです。

まず現状を確認すると、65歳以上の高齢者が日本の金融資産の8割以上を保有している状況があります。一番いいのは、彼らに蓄積するだけではなく、お金を使ってもらうこと。その方法として**もっともお金がかからないのが、叙勲制度の創設です**。80歳まで年金を受け取らなかったら、勲章をもらえるという形にすればいい。人ってお金を手に入れると、最後に名誉をほしがる。それを与えてあげる。毎月、該当者を国会に招待して表彰式をやればいい。すると、年金を受け取らないという選択する人がかなり出てくるはずです。これはまあ、社会保障費を増やさないための方法の一つですが。

三橋　私は資産家に金融資産を使わせる一番いい方法は、単純にインフレにすることだと思います。ターゲットを定めて毎年5パーセントのインフレを実現させてしまえばいい。銀行金利は絶対に5パーセントにはなりませんから、そうすれば皆、銀行に預けているお金を引き出して使うはずです。

ここでまた資産効果の話に戻ってしまいますけれど、日本人って、いつからかストック（貯蓄）が大好きになってしまったのですね。土地とか株式にお金を入れてキャピタルゲインで稼ごうという考え方が主流になってしまった。しかし、人間というのは働いて稼ぐのが基本でしょう？　インカムゲインで稼ぐのが本来の姿であるはずです。それで年金問題に関して言うと、私は高齢者にお金を使ってもらうという意味でも、年金は普通に支払っていいと思う。ただし、年金受給者はただ受け取るだけではなくて、同時に働いてもらう。今は労働すると年金給付が下がる仕組みになっています。それを止めて、高齢者には年金も全額受け取りつつ、バリバリ働いてもらう。そして、入ってきた金を全部使ってもらう。インフレになれば金融資産はどんどん目減りしていくので、皆のマインドが所得で稼ぐ方向にいくと思うのです。そういう解決方法もいいのかなと思います。要は節約してちびちび蓄積することが美徳なのではなくて、働いて所得を稼ぐことが美徳なのだという話。所得をバリバリ稼いでいる人は皆で褒め称えようという制度も必要なのかもしれません。

渡邉　昔はバリバリ稼ぐ高額納税者って公表されたけれど、個人情報保護法とともに公表されなくなってしまった。国に貢献した人の名前なのですから、公表してもいいように思うけど。皆の励みになるでしょう？　だって、税金を納めるのはいいことだという認識を皆がもう一度持たないと、若年の現役世代に負担が行ってしまう。資産家の高齢者がたくさん税金を納めてくれれば、若年層の負担は軽減されます。

三橋　資産に税金をかけるということになると、ストック課税になってしまう。そうではなくて、税金とは所得から支払うものであり、税金をたくさん納める人＝所得の多い人という認識が一般的にならなければならない。その上で高額納税者を褒め称えましょう、と。

これから最高税率が上がるという話を先ほどしましたけど、累進課税を強化すると金持ちが外国に出て行ってしまうなどと心配する向きがある。そんなもの、出て行ってもらって一向に構わない。だって、今の金持ちってほとんどが金融資産の持ち主で、要はキャピタルゲインで稼いだ人たちでしょう。所得を稼いでいる人たちに出ていかれたら困るけれど、そんな人たちに出て行かれてもまったく困らない。むしろ、さっさと出て行っていただきたい（笑）。しかし彼らが保有している金融資産は円建てだから、外に出ると強い円を他国通貨に両替しなければならなくなる。ですから、結局は出ていきませんよ。なにを下らない心配しているのかと思います。

再度、言いますけれど、本当に困るのは所得を稼いでいる人たちに出て行かれてしまうことです。しかし、今のグローバリストたちは「国内で雇用がなければ、中国で働けばいい」とか言うわけでしょう。これが問題なのです。日本人は日本国内で所得を稼ぐという形が基本でなければならない。

渡邉　日本語をメインで話す人間にとって、日本ほど安全で暮らしやすい国はありませんし。一時、リタイアした人の海外移住などが流行りましたけれど、彼らはほとんど戻ってきてしまっています。

三橋　現実問題として、堪えられないと思いますよ。だって、海外移住って大変だもの。

渡邉　20～30歳代から海外で暮らしてきた人たちは、現地の社会システムにも慣れているし、まあ大丈夫としても60歳過ぎてから海外に行ったって上手くいくはずがない。

三橋　確かに。いずれにせよ、所得中心の発想に変えてしまえば、問題がきれいに片付くのです。金持ちが外国に出ていったって別に構わない。どうせ戻ってくるし。

　そして日本人は日本で所得を稼ぐという考え方をメインにする。そう考えると、外国人労働者は入れないほうがいいという選択になる。なぜなら彼らを受け入れると、実質賃金も、働くことの価値も下がってしまうためです。この問題に関して、テレビの討論番組でさる論客と論争になったのですが、「日本国民は国内で所得を稼ぎ、消費する。日本企業も国内で稼いで、余剰製品を外国に売る形が健全だと思います」と発言したら「鎖国主義者」と決めつけられた（笑）。ちゃんと貿易もすると言っているのだから、鎖国ではありませんよ。言ってみれば、彼らグローバリストたちには私たちの考え方が古く見えるのでしょう。「国境なんか気にしないで外国で働きなさい。外国人も日本国内で働きなさい」という主張だけど、それをやって失敗したのがヨーロッパでしょう。

ただ困るのは、官僚までがグローバリストの発想になってしまっていること。国土交通省の官僚までもが「土木が人手不足となるなら、外国企業に請け負ってもらいましょう」とか言い出す。「そんなことをして、地震が起きたらどうするの？」と問うと、「契約で助けてくれることになっている」などという返事が返ってくる。**助けてくれるわけないじゃないですか、そんなもの**（笑）。東日本大震災の教訓はいったい、どこにいってしまったのか。福島第一原発の事故の後、中国人や韓国人が東京からきれいに消えたじゃないですか。それ以外の外国人だって、先を争って日本を脱出した事実を忘れたのでしょうか。

いや、責めているのではないのですよ。逆の立場だったら私も逃げましたから。要するに祖国をともにする意識のない外国人なんて、そんなものだということです。渡邉さん、どう思います？　官僚の問題。

渡邉　良い人もいれば悪い人もいるけど、押しなべて変なエリート意識が高い人が多いと思います。またコンプレックスの裏返しのように、外国にかぶれた人が多いという気がします。意外と第一言語であるはずの日本語での思考回路が未熟で、むしろ英語で考えるほうが得意な人がけっこういる。そうすると、日本の複雑な文化というのが理解できないのではないかと勘ぐってしまいます。英語の発想というのはＹｅｓ－Ｎｏの二項対立を基本としていて、ある意味で数式的です。しかし日本の場合、数式では割り切れない複雑な問題がいろいろ出てくる。それを無理やり割り切ろうとするから、どうしても官僚の立てる政策なりロジックというのは机上の空論になりやすいのです。

三橋　財務省などを見ていると、立案する政策がすごく場当たり的です。彼らは「企業は外国で稼ぎなさい、国内の財政は消費税でまかなうから」と言っていたのです。なぜかと言うと、外国は成長するけれど、日本国内は成長しないからという理由です。「日本国内が成長しないなら、なおさら消費税を取るのを止めろよ」という話なのですが、それはさておき、そんなことを言っていた財務省が今回、どうも二度目の消費増税（10パーセント）ができそうにない状況で、にわかに「国内で金を使え」と言い出した。結局、彼らはなんらかの信念に基づいて政策を立てているわけではないのです。おそらく今回の増税で名目

ＧＤＰが低下して政府が減収になると、財務省の権威は地に堕ちます。それが嫌だから、国内で無理やり需要を削ろうとしている。

渡邉　要するに、財務省というのは失敗をしたくないメンタリティーが非常に強い。失敗すると責任を取らされますから。ですから、失敗しないためにはどうすればいいかを常に考えている。そうすると、あまり急激な経済成長は望ましくないということになる。急成長すると、その後にバブルの崩壊が起こる可能性があるからです。

三橋　それで一度、失敗していますからね。

渡邉　このため「実質成長率１パーセントでいい」という考え方になる。マイナス成長になると責任を取らされるけれど、１パーセントでもプラス成長であれば文句は言われない。

三橋　１パーセント成長って、「成長しない」って宣言しているようなものじゃないですか（笑）。よくそんな限りなくゼロに近い成長率なんてものを考え出せるな。

渡邉　官僚の計算能力の高さはすごいです（笑）。

日本の潜在成長率は4～5パーセントある

三橋　経済成長率の話題が出ましたので、その話をしましょう。人口減少がボトルネックと言われていますけれど、減少数は2012年10月の調査時点で28万4000人。総人口の0・2パーセントにすぎず、成長率に影響を与えるような数字ではない。私たちが見なければならないのは〝数〟ではなくて〝質〟です。日本人というのは非常に器用な民族で、何をやらしてもすぐに習熟してしまう。ですから、実質的な生産というのは増えざるを得ないのです。おそらく日本の自然成長率は2パーセントを越えていると思います。そこにインフレ分が乗るわけですから、4～5パーセントの経済成長は実現できるはずなのです。それなのに、財務省のように1パーセント成長などと言っていてはだめです。

　そういう話を官僚にすると「2～3パーセント生産が増えても買い手がいないじゃないですか」などと言う。**そのために政府というものがあるのではないか**。何を言っているのかという話です。「政府にも金がない」というのなら、日銀がある。そういう仕組みを、政府の人間がわかっていないのです。

渡邉　こういうことなのです。官僚的な仕組みからすると、仮に5パーセント成長していたものが3パーセントに落ちると、マイナス2パーセントじゃないですか。しかし1パーセント成長が1・2パーセント成長になると、0・2パーセントのプラスです。0コンマ台で成長率が上下する分には現状維持という評価になるわけです。

三橋　結局、彼らにとっては現状維持が無難なのです。別に成長率をどこまでも高めなさいなどと数字設定して進言する気はないけれど、高いまま維持せよと諫言してもいいと思う。実際、できるわけだし。

そこで官僚以上に問題があるのが政治家です。政治家が成長を信じていないのです。新古典派やグローバリストの一番の問題点は、日本の成長を否定することです。それを前提にして、海外に出ていくとか、逆にアジアの成長を取り込むとかいう政策的な観点が出てくる。彼らの言っていることって、畢竟、アジア諸国から所得を奪うということなのですけど、そのあたりの事情をわかって発言しているのかな。

渡邉　私は、自虐史観の影響が強いと思いますよ。**日本は成長してはいけないのだとでも思っているのではないですか？**　実際には、デフレとか財政赤字の拡大とか、大した問題ではないのですけど、そういう材料があると彼らは嬉しいのですよ。**ああ、やっぱり日本**

は俺が思っていた通り成長しないんだ（笑）、と。

三橋　衰退していくことを喜ばしいとして受け止めてしまうわけですね。それは、よくわかる。たとえば韓国の「いわゆる従軍慰安婦問題」とか中国の「いわゆる南京大虐殺」とかに関連して、日本を悪く言う日本人がいるでしょう？　彼らはそういうことを発言するとき、**ものすごく嬉しそうなの**（笑）。何なのでしょうね、ああいった連中。結局、渡邉さんがおっしゃったように自虐教育を受けているため、日本が成長することを否定したいわけです。共産党が公共事業を嫌うのも、おそらくそうした理由です。原発を嫌うのも、それを稼働させると日本が経済成長してしまうからでしょう。そういう問題が根っこにあるので、日本の闇は結構、深いといえます。

渡邉　われわれは評論家という肩書で仕事をさせていただいていますけど、われわれより一世代前の評論家にはそうした傾向が非常に強い。**とにかく反体制的なことを言うのが格好良いと思っている**。そういう人たちが問題の解決策を提示するのではなく、ただ無暗な批判だけを繰り返している。これが戦後、ずーっと続いてしまった。

三橋　そして、もう片方にいるのがグローバリストたち。おかしいのは、渡邉さんの言う進歩的文化人とグローバリストの親和性の高さ。本来は彼らは思想的には真逆の立場のはずでしょう。

渡邉　いや、政治思想の傾向を座標で表わしたポリティカルコンパスを持ち出す必要もなく、極左と極右って非常に近い関係にあって、よく転向するのですよ。

サイレントマジョリティは右でも左でもない

三橋　たとえば朝日新聞がグローバリズムを褒め称えるのが、私にはわからないのです。グローバリズムや新自由主義は民主主義を否定しがちですから、彼らに対して朝日新聞は怒らなければならない。本来ならば、「民間議員たちは民主主義を愚弄している」という論調になるはずです。

渡邉　**左翼のアナーキズムと新自由主義は同根**ですから。

三橋　そうなのでしょう。新古典派・新自由主義の究極の姿というのは、無政府主義（アナーキズム）に行き着く。「規制は全部取り払え」、「税金も取るな」という点で一致している。やっぱり新古典派・新自由主義者は左翼アナーキストとゴールが一緒なのです。しかも彼らは反体制が好きだという点でも共通している。かた一方に左翼チックな言説がある。もう一方の新古典派経済学は「既得権益を打破しろ」と錦の御旗をかかげ「霞が関改革」とか「抜本的改革」とかのお題目をあげている。暴力革命などという言葉を使う連中と、どこが違うのか。ですから、新自由主義者の橋下徹が「グレートリセット」と言い出したとき、私は本当に脱力してしまいました。グレートリセットって、毛沢東が使った言葉じゃないですか。

渡邉　右も左も、とにかく「壊せばいい」という点で一致しているのです。問題は、壊した後なのに。

三橋　たとえば野口悠紀雄なども「イノベーションは破壊から生まれる」とシュンペーターを適当にかじったようなことを言っていますけど、破壊とは国家のモデルを壊すことではありません。もし本当にイノベーションが破壊と混乱の中から生じると思っているのなら、**ウクライナへ行ってイノベーションを起こしてきなさい**（笑）。

渡邉　いや、しょせん他人事だから破壊などという言葉を使えるのですよ。本人には破壊と混乱のただ中に身を投じる気概などまったくない。

三橋　そう、他人事なのです。自分は安全な日本にいて、安楽な暮らしをしているわけですよ。野口さんの場合、今は一橋大学の名誉教授で、要するに国家公務員でしょう？　そんな立場に身を置きながら「日本の労働者は競争を知らず、甘えている」とか、よく言えるものです。「まずご自分が大学を辞めて競争の渦中に飛び込んでみたらどうですか」と言いたい。同じようなことは、政治家についても言えます。やたらと改革、改革と唱える人たち。塩崎恭久とか平将明とかいますよね。改革の名の下に国民に試練を与えようとするなら、「まず自分がその中に飛び込め」と申し上げたい。

渡邉　そういう人たちの矛盾が、ここ数年であぶりだされてきた気がします。しかし私は少し同情的で、改革とか言って騒ぐ人たちって、要するに困っている人たちなのですよ。**儲からなくなって困っているから騒ぐ**わけで、それを考えると「ああ、この人たちも大変なのだなあ」と（笑）。

三橋　困っているというよりも、賞味期限が切れかけている人たちね（笑）。私たちは、彼らとは真逆の立場ですけれど、インターネット時代だからなんとか潰されずに済んでいるようなところはある。小泉改革の時代に私たちと同様の主張をしていた人たち――森田実さんとか、植草一秀さんとか、リチャード・クーさんとか――は、ぜんぜん世論の支持を得られなくて、結局、潰されてしまいましたよね。

でも私自身に関して言うと、傍からは右寄りに見えるらしいのです。おそらく、従軍慰安婦問題で韓国と戦っているからでしょうが、本当は経済政策に関しては植草さんたち、左翼陣営の人たちと主張するところが共通しているわけです。ですから、つかみどころのない評論家と思われている。もっとも、今はこのポジションにマジョリティになれるチャンスがあるのです。なぜなら、新古典派・新自由主義も嫌だし、もう一方の左翼も嫌だと思っている人の数が極めて多いからです。マジョリティの国民が考えていることを表現するポジションがなぜか日本ではニッチなのですね。

渡邉　サイレントマジョリティというのは、なかなかその姿が見えてきません。ただ三橋さんのおっしゃる通り、新古典派も左翼も嫌だという層が、日本では本当は一番大きいのだと思う。目立たないのは、皆、黙っているからでしょう。どうしても騒ぐ人ばかり目立ってしまいます。今、マスコミが主流派として扱っている日本人と世相の実態というのは、かなりズレていると思います。

三橋　ただ言論界においては、私たちのような存在は現実問題としてマイノリティですよ。

渡邉　評論家とか言論人の立場の難しさは、どうしても色を付けられてしまうことです。あの人は左翼だとか右翼だとかのレッテルを貼られてしまう。私たちは本来、イデオロギーとは無縁のところで発言しているはずなのに、三橋さんも右翼だと思われたり、逆に共産主義者だと思われたり、**いろいろと大変だなあ**（笑）。

三橋　共産主義者とか本当に言われますよ、私は（笑）。もう開き直るしかないかも。ただ共産党とは気の合う部分もあるけれど、最後のところでどうしても折り合えない。安全保障や原発をめぐる主張の、彼らのお花畑ぶりには、どうしてもついていけない。

渡邉　サイレントマジョリティの意見をちゃんと代弁していきましょうよ、われわれは。

三橋　今回の対談も、サイレントマジョリティにはきちんと届くと思う。右の立場からでも左の立場からでもなく、真に実効性のある経済政策とは何かを私たちが考えているのだということを、読者の皆さんにわかっていただきたいですね。

おわりに

権力の犬

渡邉哲也

三橋さんと私の対談いかがでしたか？　台本と筋書のない5時間みっちりの対談でした。広告屋さん的に言えば「シズル感」（肉の焼ける音、肉汁が出る様子）たっぷりの生々しいものになっていると思います。

本当に、世の中変わりましたね。そして、今その速度がどんどん早くなっている感じがあります。一番わかるのは書店です。数年前まで『1ドル50円で日本が破綻する』とか『全部ユダヤが悪い』とか『グローバルで……』とか「夢と阿呆のファンタジー」のような本がたくさん並んでいましたが、今、書店の私の本のとなりに並んでいるのはまったく違う顔ぶれです。予言をさせていただくと多分この本もそうなっていると思います。

まぁ、2回の政権交代で良くも悪くも日本は変わったのではないでしょうか？「権力否定しちゃったぜ俺様よかっこいい」、「日本を否定する俺様かっこいい」のような人たちがずいぶん淘汰されたように思います。自称『進歩的文化人』とかいう人たちは学生運動から全然進歩していなかったわけで、どこが進歩なのって話。そりゃ淘汰もされますよね。

そして、その延長線上にいるのが……ガイコクガーという人たち。韓国が中国がアメリカが……で出てくる答えは「日本が悪い」。バカじゃないのかと……あなたどこの国に住んでいるのですかと問い詰めたいわけです。「この国の◯◯は間違っている」とか「この国の◯◯はおかしい」とか、批判だけならバカでもできるわけで、そもそも「わが国」なのですよね。そこから間違っている。

なんて言うと右翼的だなんて言われますが、自分が住んでいる土壌を守ることは当たり前でしょう。他人の船ではないのです。他人の船が炎上しようが沈もうが直接的には関係ないが、自分が乗っている船が沈んだら、共倒れしてしまうわけで、「おーい船が沈むぞー」

なんてのはほかの船だからいえるのですよ。右でも左でもなく単に私は自分の生活を守りたいだけなのです。

そのために私は評論活動を行っているわけです。ダメだではなく、どうしたらよくなるのかどうすればよいのかをまじめに考えづけているわけです。それはイデオロギーのためではなく自分の生活のためなのですね。人の為と書いて偽と読みます。誰かのためではなく自分のために頭を使うようにしているわけです。

そんな時代の変化の中で、お困りの人たちの悲鳴が聞こえてきましたね。お困りだから騒ぐのです。困っていなければ騒ぐ必要などないわけで……。とくにおとなりの国とそのシンパたちからは絶叫とも思える声が聞こえ始めてきました。「誠意を見せろ」とは簡単に言えば「金をくれ」ですよね。金をくれといえば恐喝になってしまうので「誠意を見せろ」というわけで、要求に応じればどんどん要求がエスカレートする。必死なのでしょう。

そして、それに呼応する形で出版界には新しい韓流が起きている。週刊誌は毎週のように韓国特集を組み、韓国本が大人気になっているわけです。まぁ、それもそれでどうかと思いますが、私も仕事をいただけてありがたいわけです。3年前、韓国経済本はマイノリティだった。しかし、今はメインストリームを突っ走っているわけです。本当に時代が変わりました。あえて誤解されないように申し上げると、私は韓国が嫌いなわけではありません。単純に韓国経済を分析しているだけなのですけどね。まぁ、日本との関係悪化でそろそろその価値も薄くなりつつありますが……。

さて突然ですが、本題に入ります。今年2月に犬を飼いました。名前はカールマルクス・渡邉といいます。トイプードルの雄でとてもかわいいのです。そして、今、マルクスをブルジョアの毒にたっぷりと漬け込んでいます。冷暖房完備の環境で犬の幼稚園に通わせて、私よりも高いトリミングにつれてゆき……「資本主義の犬」に育てているのですね。飼ってから知ったのですが、トイプードルは非常に賢い犬種らしく、警察犬にも向いているそうです。警察犬学校に通わせて、「権力の犬」にしようかとも思いましたが、大変そうなのでやめようと思っています。

そして、この名前を考えたのはうちの妻なのです。経済評論家の犬なのだから、それなりの名前を付けなくてはと出てきたのが「マルクス」だったわけです。マルクス経済学は不平不満の合理化。マルクスに不平不満を与えず、ブルジョアの毒に漬ければ、父親そっくりの資本主義の犬になるのではないかと……。

基本的に国会は国民の選挙で選ばれた議員により成立し、政府はその議員により成り立っている。つまり、国会も政府も権力の象徴ではなく、良くも悪くも大多数の国民の総意であり、政府は国民の敵ではない。政府は国民の意見なのですね。その意味では私は常に体制の忠実な犬でありたいと考えます。

そして、忠実な犬とは言いなりになることではなく、国民にとって、良いことは良い、悪いことは悪いということなのだと思っています。

［著者略歴］

三橋貴明（みつはし・たかあき）

経世論研究所所長・中小企業診断士。1969年生まれ。東京都立大学（現・首都大学東京）経済学部卒業。外資系IT企業などを経て、2008年企業診断士の資格を取得して独立。企業のコンサルティングに従事する一方、各国の経済分析や著作活動も行っている。主な著作に『愚韓新論』（飛鳥新社）、長谷川慶太郎との共著に『日本と世界はこう激変する』（ビジネス社）、『G0.5の世界』（日本文芸社）など多数がある。

渡邉哲也（わたなべ・てつや）

作家・経済評論家。1969年生まれ。日本大学法学部経営法学科卒業。貿易会社に勤務した後、独立。複数の企業運営などに携わる。内外の経済・政治情勢のリサーチや分析に定評があり、さまざまな政策立案の支援から、雑誌の企画・監修まで幅広く活動を行っている。主な著書に日下公人との共著『新聞の経済記事は読むな、バカになる』、『儲』（ビジネス社）、『売国経済』（ベストセラーズ）など多数がある。

仁義《ルール》なき世界経済の不都合な真実

2014年6月10日　　1刷発行
2014年6月20日　　2刷発行

著　者　三橋貴明　渡邉哲也
発行者　唐津 隆
発行所　株式会社ビジネス社
〒162-0805　東京都新宿区矢来町114番地 神楽坂高橋ビル5F
電話　03(5227)1602　FAX　03(5227)1603
http://www.business-sha.co.jp

〈印刷・製本〉中央精版印刷株式会社
〈撮影〉外川孝
〈装丁〉常松靖史（チューン）〈DTP〉茂呂田剛（エムアンドケイ）
〈編集担当〉本田朋子　〈営業担当〉山口健志

ISBN978-4-8284-1755-4